Ненецкие сказки

네네츠인 이야기

<지식을만드는지식 소설선집>은
인류의 유산으로 남을 만한 작품만을 선정합니다.
오랜 시간 그 작품을 연구한 전문가가
정확한 번역, 전문적인 해설, 풍부한 작가 소개, 친절한 주석을
제공하는 고급 소설 선집입니다.

지식을만드는지식 소설선집

시베리아 설화집

Ненецкие сказки

네네츠인 이야기

작자 미상

박미령 옮김

대한민국, 서울, 지식을만드는지식, 2017

편집자 일러두기

- 이 책은 ≪북방 민족 민담(Сказки народов севера)≫(ГОСЛИТИЗДАТ, 1959), ≪네네츠 민담(Ненецкие сказки)≫(Архангельск, 1936), ≪네네츠 민속(Фольклор Ненцев)≫(Наука, 2001)을 원전으로 삼아 옮긴이가 가려 뽑아 번역했습니다.
- 주석은 모두 옮긴이가 단 것입니다.
- 외래어 표기는 현행 한글어문규정의 외래어표기법을 따랐습니다.

차 례

네네츠인 이야기

새 총각

새 총각이 가느다란 자작나무 위에 앉아 있었고, 생쥐 처녀가 땅속으로 이어진 쥐 굴 앞에서 놀고 있었다. 생쥐 처녀의 갈래머리에 꽂아 놓은 금속 장신구가 짤랑 소리를 내며 머리를 뒤로 잡아당기고 있었다.

새 총각은 제 집으로 날아갔다. 손을 모으고 고개를 숙인 채 슬퍼하고 있었다.

새의 어머니가 아들에게 물었다.

"얘야, 무슨 일이니? 어디 아픈 거니?"

새가 대답했다.

"방금 생쥐 아가씨를 봤어요. 아주 예뻐요. 그 아가씨와 결혼하고 싶어요."

새의 어머니가 말했다.

"어떻게 네가 생쥐와 결혼할 수 있겠니? 생쥐들은 땅굴 속에 산단다. 그리고 겨울에는 바깥에 나오지 않지. 만일 네가 이곳에서 겨울을 지낸다면, 네 꼬리는 얼어붙을 것이고 또 생쥐들의 집 문은 겨우내 눈에 덮여 있어."

새 총각은 어머니의 말을 듣지 않고 '생쥐 아가씨와 결혼하고 싶어요'라는 말만 반복했다. 어머니의 말은 들리지도 않았던 것이다.

저녁이 되어 새의 아버지가 돌아왔다. 새 어머니가 말했다.

"여보, 우리 아들을 결혼시켜야겠어요."

새 아버지는 잠시 생각하더니 물어보았다.

"아들을 누구에게 장가보내지?"

"오늘 그 애가 생쥐 아가씨를 보았대요. 그 아가씨와 결혼하고 싶대요."

새 아버지가 말했다.

"나도 생쥐 아가씨를 본 적 있어. 아주 예쁘지. 다만 우리 애가 어떻게 그 아가씨와 결혼할 수 있을까?"

새 아버지와 어머니는 이리저리 생각했고, 마침내 아들을 생쥐 아가씨와 결혼시키기로 결정했다.

새 어머니가 말했다.

"그럼 제가 청혼하러 가지요."

새 어머니가 날아서 생쥐네 집에 도착했다.

생쥐들의 집으로 들어갔다.

갑작스럽게 찾아온 손님을 보고 생쥐 엄마가 말했다.

"새 어머니, 어쩐 일이에요? 전에는 한 번도 안 오시더니."

새 어머니가 물었다.

"따님을 저희에게 주실 수 있나요?"

잠시 머뭇거리던 생쥐 어머니가 말했다.

"딸을 줄 수 있긴 해요. 그런데 여름이 지나자마자 가을이 올 것이고, 그럼 새님은 따뜻한 나라로 떠날 거지요? 내 딸은 날 줄 몰라요, 땅 위에서만 다니지요. 내 딸애가 어떻게 바다를 건너가겠어요?"

새 어머니가 말했다.

"어떻게 해야 하지요? 우리 아들을 1년간 댁에 두어야 할 것 같네요."

그 말을 들은 생쥐 어머니는 반대하지 않았다.

"진정 그렇다면, 어떻게 우리 딸을 새에게 시집보내지 않겠어요?"

그렇게 어머니들이 합의를 했고, 새 어머니는 집으로 돌아갔다. 집에 도착하자마자 새 아버지가 물었다.

"여보, 어떻게 이야기가 되었나?"

새 어머니가 대답했다.

"우리가 새를 한겨울 동안 그 집에 남겨 둔다면, 딸을 시집보내겠대요."

그 말을 들은 새 아버지는 힘없이 말했다.

"어쩌겠어? 그렇게 해야지."

얼마 후 새 집안과 생쥐 집안은 성대한 결혼식을 치렀다.

새 총각은 생쥐 처녀를 신부로 맞았다.

그런데 벌써 하늘은 가을빛을 띠기 시작했다. 새 아버지는 부인과 함께 따뜻한 나라로 떠날 준비를 했다.

새 아버지가 아들에게 말했다.

"사랑하는 아들아, 너는 내년까지 여기에 머물러야 한다. 내년에 얼음이 녹자마자 우리가 이곳으로 돌아오마."

이 말을 남기고 새 부모는 다른 무리와 함께 날아갔다.

아버지와 어머니가 떠나자 새신랑 새는 생쥐 굴로 갔고, 거기서 두 달간 어둠 속에서 지냈다. 굴 바깥은 몹시 추웠다. 눈보라가 몰아치고, 사나운 북풍이 울어 댔다.

그러던 언젠가 새가 부인에게 말했다.

"부인, 굴속에 연기가 가득해. 길로 난 문을 열어 연기를 좀 빼내. 햇빛을 좀 보고 싶어."

생쥐 부인이 문을 열었다. 남편 새는 햇빛을 보려고 문밖을 내다보았는데, 그때 그의 꼬리가 문에 얼어붙었다. 그것을 보고 생쥐네 아들들이 달려들어 순식간에 처남 새를 먹어 치웠다.

얼마 후 봄이 왔다. 땅 위에 얼음이 녹기 시작했다. 생쥐 아버지가 땅 위로 나가려고 문턱에 서서 먼저 해를 쳐다보았고 이어서 길 쪽을 바라보았다. 그곳에 새 아버지가 몸을 웅크리고 이리저리 뛰고 있었다.

그때 새 아버지도 사돈 생쥐를 보고 말했다.

"생쥐 사돈! 내 아들은 안 나오나요? 내 아들은 어디 있어요?"

그 말을 들은 생쥐 아버지가 말했다.

"댁의 불쌍한 아들은 죽었어요. 꼬리가 문에 얼어붙어서요."

새 아버지는 사돈에게 물었다.

"아들이 죽었다면, 무덤은 어디 있나요?"

생쥐 아버지는 아무 대답도 하지 못했고, 아무 할 말도 없었다.

그러자 새 아버지가 목소리를 높여 물었다.

"생쥐 사돈, 나와 원수지고 싶은 게요? 당신이 그렇게 세다고 여긴다면, 내가 군대를 모아 오지. 그리고 시비를 가려봅시다."

새 아버지가 날아간 후, 생쥐 아버지는 일이 이렇게 되었으니 자신도 군대를 모아야겠다고 생각했다.

생쥐 아버지는 어디론가 갔다.

얼마 후 생쥐 어머니가 거리로 나오려고 집 문턱에서 바깥을 살폈다. 남쪽 하늘에 그 무언가 어두운 것이 가득했다. 생쥐 어머니는 그것이 먹구름일 것이라고 생각했다.

그런데 잘 살펴보니 그것은 먹구름이 아니었다. 그것은

새 아버지가 앞장서 몰고 오는 군대였다.

생쥐 어머니는 북쪽을 보았다. 북쪽에서는 각종 땅 짐승들이 뛰어오고 있었다. 맨 앞에는 생쥐 아버지가 있었다.

그렇게 해서 두 군대가 맞붙어 싸우기 시작했다. 오랫동안 싸움이 이어졌지만, 그 어느 쪽도 우세하지 않았다. 그런데 부엉이가 생쥐 아버지를 발로 잡아채 멀리 끌고 가 버렸다.

이 전투 이후 양측의 군대는 서로 다른 방향으로 흩어졌다.

왜 부엉이는 햇빛을 보지 못하는가?

옛날에 부엉이 노인이 부엉이 노파와 함께 살았고, 그들에게는 외아들이 있었다.

아들을 장가보낼 때가 되었다.

부엉이 노인이 부인에게 말했다.

"우리 아들을 장가보내야겠어. 그 애 색싯감 좀 없나?"

부엉이 노파가 말했다.

"이렇게 종일 집에만 있는데, 어떻게 알겠어요? 당신이 여기저기 다니니 어디서 며느릿감을 찾아야 할지 더 잘 알 것 아니오?"

부엉이 노인이 말했다.

"그래, 마누라는 몰라도 내가 알지. 까마귀네 여동생이 있어. 우리가 그 동네로 가야겠네."

그래서 부엉이들은 길을 나섰다. 그들은 오랫동안 유목하면서 이동하여 결국 무사히 도착했다. 까마귀네 막냇누이를 며느리로 맞아 결혼식을 치렀다. 그 후 부엉이 가족은 고향으로 출발했다. 그들은 7일 동안 고향을 향해 유목을 하면서 이동했다.

며느리로 맞은 까마귀네 여동생은 아주 새카맸다. 그리

고 성격도 불같았다. 그녀는 제 말대로 되지 않는 것은 도저히 참지 못했다. 그런데 부엉이 노파도 웅얼웅얼 잔소리가 많고 항상 원하는 대로 되길 바랐다.

언젠가 젊은 며느리가 머리를 빗다가 말했다.

"어머니, 머리에 기름을 발라야겠어요. 혹시 야생 순록 다리뼈 골수가 있나요?"

부엉이 노파는 웅얼웅얼 대답했다.

"야생 순록 다리뼈 골수가 필요하다고? 그걸 어디서 구하니? 네 친척들은 네 혼수 썰매에 그것도 실어 주지 않았구나. 어쨌든 네 검은 머리는 아무리 기름칠을 해도 하얗게 되진 않겠지."

며느리가 말했다.

"제 검은 머리는 태어나면서부터 그래요."

그렇게 한마디씩 건네며 말싸움을 했다. 며느리는 시어머니에게 화를 내며 말했다.

"제가 온 흔적이 아직 남아 있을 때 집으로 돌아가겠어요."

그렇게 해서 까마귀네 여동생은 집으로 돌아갔고, 부엉이네도 유목을 하며 제 고향으로 가는 도중에 여기저기 다니며 아들의 새 부인을 찾아보았다.

그렇게 겨울이 가고 봄이 왔고, 따뜻한 나라에서 솔개들이 날아왔다. 그러자 부엉이 노파가 말했다.

"이렇게 우리가 며느릿감을 구하러 숲을 돌아다니고 있는데, 저렇게 아가씨들이 우리에게 날아왔네. 솔개네 딸을 며느리로 맞을 수 있을 거야."

부엉이네는 솔개네 딸을 며느리로 맞았다. 그리고 함께 살기 시작했다. 며느리는 착하고 성실하여 물과 장작도 모두 해 오고 나쁜 말을 결코 입 밖에 내지 않았다.

그런데 언젠가부터 며느리는 머리가 아프다고 했다. 두통이 매일 더 심해졌다.

그러자 부엉이 노인이 노파에게 말했다.

"우리 착한 며느리가 죽으면 안 되는데."

부엉이 노파가 말했다.

"멀지 않은 곳에 고양이 무당이 산다고 하네요. 그 무당을 부르면, 우리 며느리 병을 고쳐 주지 않을까요?"

부엉이 아들이 찾아가 고양이 무당을 불러왔다.

고양이 무당이 와서 말했다.

"뗏장으로 환자를 위한 집을 만들고, 내가 치료하는 동안 아무도 들어오지 마시오."

부엉이들은 뗏장으로 집을 만들고 환자를 그곳으로 데려갔다. 고양이 샤먼이 그곳으로 들어가 7일 동안 환자를 치료했다. 부엉이들은 그 집 가까이 가지 않았다.

7일 후 고양이 샤먼이 목소리를 낮추고 말했다.

"문을 여시오."

부엉이 노인이 문을 열자 고양이 샤먼이 화살처럼 빠르게 튀어나와 도망갔다.

부엉이 노파가 귀를 기울여 들어 보고 말했다.

"며느리 신음 소리가 나지 않네요. 아마 치료가 됐나 보네요."

부엉이들이 그 집으로 들어가 보니 솔개 며느리는 뼈만 남아 있었다.

부엉이 노인도 부엉이 노파도 부엉이 아들도 눈물을 흘렸다. 부리의 양쪽으로 눈물이 줄줄 흘러내렸다. 그런데 솔개들이 따뜻한 나라로 유목하며 이동하다가 부엉이들이 우는 것을 보고 말했다.

"뭘 그렇게 우는 거요? 우리 집안에는 아직 여자들이 있으니 다른 며느릿감도 있을 거요. 하나가 죽었으니 다른 애를 시집보내지요."

부엉이 노인이 말했다.

"다른 곳 출신의 며느리와는 잘 맞지 않네요. 우리는 고향 툰드라로 돌아가서 겨울을 날 겁니다. 그곳에서 며느리를 구할 수 있겠지요."

솔개들이 가 버리고, 부엉이들은 계속 울었다. 그들은 눈이 감길 정도로 울었다. 그래서 그때부터 부엉이들은 낮에 햇빛을 보지 못한다.

여우, 새 그리고 까마귀

나무 위 둥지에 새가 앉아 있었다. 둥지 속에는 아기 새 네 마리가 있었다. 여우가 지나가다가 새를 보고 말했다.

"새야, 아기 새 한 마리만 다오. 난 배가 고파."

새가 대답했다.

"내가 어떻게 내 새끼를 너에게 주냐? 다른 데 가서 찾아 봐."

여우가 말했다.

"만일 주지 않는다면, 이 나무를 베어 버릴 테다. 이 가죽 주머니에 환도가 있어."

여우는 꼬리를 세워 들고 마치 나무를 베는 듯 휘둘렀다.

새는 겁을 먹어 울기 시작했다.

"여우야, 나무를 베지 마. 아기 새 한 마리를 줄 테니."

그러고는 아기 새 한 마리를 둥지에서 떨어뜨렸다. 여우가 원한 것이 바로 그것이었다. 여우는 아기 새를 받아 물고 숲으로 가 버렸다.

새는 앉아서 울었다. 여우에게 준 아기 새가 불쌍했다. 이때 까마귀가 날아가다가 그 모습을 보고 물었다.

"새야, 왜 울고 있니? 무슨 큰 슬픔이 있는 거니?"

새가 말했다.

"어떻게 울지 않겠어. 여우가 아기 새 한 마리를 잡아먹었으니."

까마귀가 놀라서 말했다.

"어떻게 여우가 네 새끼를 잡아먹을 수 있지? 네 둥지가 이렇게 나무 높은 곳에 있는데."

"내가 던져 줬지. 여우가 나무를 베어 버리려고 해서. 여우에게는 가죽 주머니 속에 든 날카로운 환도가 있어."

까마귀가 말했다.

"이런 멍청한 새야! 그건 환도가 아니라 꼬리야. 다음에 또 그러면 베어 버리라고 해. 그럼 스스로 물러갈 거야."

까마귀는 그렇게 말하고 날아갔다.

다음 날 여우가 다시 와서 말했다.

"아기 새 한 마리 더 줘. 배가 고프거든."

새가 말했다.

"아니, 주지 않을 거야."

여우가 말했다.

"그럼 이 나무를 베어 버리겠어."

그리고 여우는 꼬리로 나무를 때리기 시작했다. 계속 때렸지만 여우 꼬리의 털만 다 빠져 나갔고, 나무는 꿈쩍도 하지 않았다.

"누가 내 말을 듣지 말라고 가르쳐 주었지? 까마귀가 그런 거 아니야?"

새가 대답했다.

"이미 늦었지만, 내가 스스로 알아낸 거야. 나도 머리가 있거든!"

여우가 말했다.

"아니, 네 머리로는 알아낼 수 없어. 까마귀가 가르쳐 준 거야."

여우는 까마귀를 찾아 숲과 계곡 여기저기 돌아다녔다. 며칠 동안을 뛰어다녔다. 그러다가 마침내 커다란 강에 도착했다. 강변에는 천막집 몇 채가 서 있었다. 여우는 그곳에서 먹을 것을 구하고자 했다. 그래서 여우는 구덩이를 파고 들어가 누워 흙으로 몸을 덮고 혀만 내밀고 있었다. 붉은 혀는 멀리서도 잘 보였다.

여우는 그렇게 오랫동안 누워 있었고, 까마귀가 날아가다가 여우의 붉은 혀를 보고 저녁거리라고 생각했다.

까마귀는 내려앉아 부리로 혀를 물었다. 그때 여우가 까마귀의 머리를 움켜잡고 웃었다.

"오호, 네가 바로 새를 가르친 녀석이지. 이제 내가 너에게 맛을 보여 주마."

까마귀는 여우에게 애원했다.

"아, 아, 나를 이런 식으로 죽이면 여우님에게 수치스러운 거지요. 그러면 누구도 여우님을 존경하지 않겠지요. 저를 절벽 위 바위에 올려놓고 주위를 뛰어 돌다가 밀어 떨어뜨리세요."

여우는 그렇게 까마귀를 절벽에서 밀어 떨어뜨려 뼈가 부서져 죽게 하는 것이 좋겠다고 생각했다.

여우는 그렇게 했다. 까마귀를 절벽 위 바위에 올려놓고 주변을 돌다가 그를 밀어 떨어뜨리려 했다. 그런데 그사이에 까마귀는 날개를 가다듬고 날아가 버렸다. 까마귀에게 뛰어오던 여우는 그만 멈추지 못하고 절벽에서 떨어져 죽었다.

곰이 꼬리를 잃게 된 사연

옛날에 여우가 살았다. 근처 숲에는 곰이 살았다. 그들은 자주 만났고, 친형제처럼 사이좋게 지냈다. 당시 곰은 털이 많이 나 있는 긴 꼬리를 가지고 있었다.

언젠가 여우가 곰에게 말했다.

"물고기를 잡으러 갈 거야. 신선한 것을 먹고 싶어."

곰이 물었다.

"맨손으로 어떻게 물고기를 잡으려는 거지?"

여우가 말했다.

"아주 간단해. 꼬리를 얼음 구멍에 집어넣고 있으면 물고기들이 몰려와. 물고기들은 꼬리에 달라붙기를 좋아하지."

그렇게 말하고 여우는 물고기를 잡으러 갔다.

마침 물가에서는 사람들이 물고기를 잡고 있었다. 여우는 눈 위에 죽은 듯 엎드려 있었다. 사람들은 물고기를 잡아 썰매에 싣고 집으로 가는 길에 여우를 발견했다. 그들은 여우를 물고기가 실려 있는 썰매에 같이 싣고 갔다. 썰매가 움직이는 동안 여우는 물고기가 든 자루에 구멍을 내 물고기를 꺼내 모두 길 위로 던지고 나서 뛰어내려 도망갔다.

그리고 앉아서 물고기를 먹었다. 곰이 그 모습을 보고 자기도 저렇게 꼬리로 물고기를 잡을 수 있을 거라고 생각했다.

곰은 강으로 가서 얼음 구멍에 꼬리를 집어넣고 앉아 있었다.

싫증이 날 때까지 오랫동안 그렇게 앉아 있었다. 마침내 물고기가 아주 많이 꼬리에 붙었을 거라고 생각하고 꼬리를 빼내려 했다. 그런데 꼬리가 얼어붙어 떨어지지 않았다. 곰은 온 힘을 다해 꼬리를 잡아당겼고, 결국 꼬리가 끊어졌다.

그래서 곰은 꼬리를 잃었고, 지금까지 꼬리 없이 살고 있다.

하류치

나는 하류치 야가의 강어귀에 여동생과 단둘이서 살았다. 우리의 성은 하류치였다. 나는 총각이었고, 여동생도 처녀였다. 언젠가 내가 동생에게 이렇게 말했다.

"아버지도 어머니도 돌아가시고, 내가 너를 10년간 키웠어. 우리는 순록이 50마리 있는데, 더 이상 늘지도 줄지도 않아. 그리고 우리가 이렇게 둘만 살고 있으니 적적하구나. 이제 사람들에게 가야겠어. 내가 한 곳을 아는데, 그곳에 도착하려면 3개월을 가야 해. 거기에 일곱 명의 퉁구스 형제들이 살고 있는데 물고기도 많고, 거위도 많을 뿐만 아니라 겨울에는 야생 동물을 사냥해."

그리고 우리 둘은 천막집을 거두고 순록들에게 고삐를 매었다. 내가 앞서가고 동생이 뒤를 따라왔다. 우리는 4개월 동안 이동했다. 그리고 높은 산맥에 도달했다. 거기서 나는 여동생에게 말했다.

"저길 봐!"

동생은 산맥 아래쪽에 일곱 채의 천막집이 있는 것을 보았다.

"바로 저곳이 퉁구스 형제들이 사는 곳이야."

우리는 산맥 중턱에 천막집을 세웠다. 그다음 순록 네 마리에 고삐를 채우고 퉁구스 형제들에게 갔다. 그들은 우리를 환대했다. 함께 살자고 했다. 우리는 그들과 함께 겨울을 났다. 봄이 와 호수의 얼음이 풀렸고, 아주 많은 거위들이 날아왔다. 그리고 여름이 되었다. 거위들이 털이 빠지기 시작했다.

그러자 퉁구스 형제들이 우리에게 말했다.

"거위 사냥하러 갑시다."

나와 퉁구스 형제의 막내가 내 여동생을 위해 검은 황소 네 마리에 고삐를 매었다. 그리고 우리들이 타고 가기 위해 하얀 황소 여섯 마리에 고삐를 매었다. 반나절을 갔다. 호수가 보였다. 커다란 호수였다. 호수 가운데에 많은 거위가 있었다. 나와 퉁구스 형제 중 막내는 각각 작은 배를 타고 호수로 들어갔다. 활을 쏘기 시작했다. 곧 배 안에 거위가 가득 찼다. 나는 세 번, 퉁구스 형제 중 막내는 두 번 거위를 실어 날랐다.

퉁구스 형제 중 막내가 말했다.

"이제 충분합니다. 더 이상은 가져가지 못하겠네요."

거위들을 썰매에 실어 묶었다. 집을 향해 출발했다.

그렇게 여름을 보냈고 가을이 왔다. 그리고 곧 눈이 내리니 추위가 시작되었다.

퉁구스 형제 중 막내가 말했다.

"툰구스카라는 강이 있습니다. 그곳으로 이동해 야생 순록을 잡아야 합니다."

그다음 날 나는 나의 여동생과, 퉁구스 형제 중 막내는 자신의 여동생과 함께 길을 나섰다. 3주 동안 이동하여 툰구스카 강에 도착했다.

우리는 3개월 동안 사냥을 했고 많은 야생 순록을 잡았다. 사냥한 순록을 집으로 가져왔다. 집에 와서 나는 여동생에게 이렇게 말했다.

"이제 좀 더 잘 살아야겠어. 여름에 많은 거위를 잡았고 겨울에 많은 야생 순록을 잡았어. 우리 순록은 이제 잡아먹지 말아야겠어."

우리는 겨울을 잘 보냈고 봄이 왔다. 퉁구스 형제들이 말했다.

"물고기를 잡으러 갑시다."

퉁구스 형제 세 명과 나 이렇게 네 명이 길을 나섰다. 툰구스카 강어귀에 도착했다. 여름 내내 물고기를 잡았다. 가을이 되었다. 계속 많은 물고기를 잡았고, 썰매에 실어 집으로 돌아왔다. 그렇게 3년을 살았다.

그러던 중 언젠가 모두들 한자리에 모였고, 퉁구스 형제 맏형이 내게 말했다.

"네가 우리에게 왔을 때, 너에게는 순록이 50마리 있었는데 지금은 이백 마리가 있어. 너는 총각이고 우리 막내도 총각이야. 너에게 누이가 있고, 우리에게도 누이가 있어. 우리 서로 교환하는 것이 어떻겠니? 네가 우리 누이와 결혼하고, 우리 형제가 너의 누이와 결혼하는 것이 어때?"

나는 동의했다. 집으로 돌아와 동생에게 그 말을 전했다. 동생도 동의했다. 그래서 결혼식이 열렸다. 아주 성대한 결혼식이었다.

결혼식 후 나는 퉁구스 형제들에게 말했다.

"이제 나는 고향으로 돌아가려는데, 보내 주겠는가?"

퉁구스 형제들이 말했다.

"그건 너의 일이다. 갔다가 우리 생각이 나면 다시 와라."

나는 나의 순록을 모두 모았다. 퉁구스 형제들은 나에게 순록 백 마리를 더 주었다. 그렇게 나는 나의 고향 하류치 야가로 떠났다. 그 후 지금까지 나는 고향에서 살고 있다.

여러 종족들이 사이좋게 지냈었다. 다만 부유한 종족들과는 잘 지내지 못했다.

아기 순록과 생쥐

생쥐가 어디론가 뛰어가고 있었다. 한참 뛰어가다가 아기 순록을 만났다.

생쥐가 물었다.

"이봐, 친구, 어디서 와서 어디로 가는 길이야?"

그 말을 들은 아기 순록이 머리를 들어 올리고 말했다.

"네가 보다시피, 발이 가는 대로 가고 있어."

그러자 생쥐가 말했다.

"그러니까 너도 어디로 가는지 모르는구나. 그럼 같이 가자."

아기 순록이 대답했다.

"그래. 같이 가자."

그들은 함께 갔다. 아기 순록은 머리는 한쪽으로 숙이고 이빨 부딪히는 소리를 내며 눈을 둥그렇게 뜨고 걸어갔다. 생쥐는 옆에서 뛰어갔다. 아기 순록의 속도에 보조를 맞추기가 힘들었다.

얼마나 갔는지 모르지만, 아기 순록은 여러 번 생쥐를 잃어버렸다. 생쥐가 찍찍대는 소리를 듣고서야 찾아낼 수 있었다.

"에이, 친구, 좋은 친구. 거기에 있었구나."

얼마 후 생쥐가 말을 꺼냈다.

"아기 순록아, 숨바꼭질 놀이하자."

아기 순록은 마치 그 말을 기다렸다는 듯이 대답했다.

"그래, 그래. 숨바꼭질하자."

생쥐가 물었다.

"누가 먼저 술래를 할까?"

아기 순록이 대답했다.

"너는 키가 작으니까. 눈을 감아. 내가 먼저 숨을게."

그 말을 들은 생쥐는 아기 순록이 숨도록 쥐 굴로 들어갔다.

아기 순록은 마른 강둑 아래로 뛰어가 숨었다.

생쥐가 아기 순록을 찾기 시작했다. 이리저리 다녀 보았지만 생쥐는 아기 순록을 찾을 수 없었다. 더 이상 찾아다닐 힘이 없었다. 그래서 생쥐는 꾀를 내어 찾아내는 것이 좋겠다고 생각했다.

생쥐는 목청껏 외쳤다.

"아기 순록아! 네 뿔이 보인다!"

이 말을 들은 아기 순록은 뿔을 숨기는 것을 잊어버린 자신을 탓하며 강둑에서 나와 생쥐에게 갔다.

아기 순록을 본 생쥐가 말했다.

"이제 네가 술래야. 내가 숨을게."

생쥐가 멀리 갈 수나 있겠는가? 생쥐는 바로 서 있던 그 자리에 숨었다.

아기 순록은 오랫동안 생쥐를 찾아다녔다. 그러나 어떻게 생쥐를 찾아낼 수 있겠는가? 아기 순록은 생쥐를 찾아다니다 지쳤고 배가 고파졌다. 아기 순록은 생쥐가 숨어 있는 곳 근처의 이끼를 먹기 시작했다. 그러다가 아기 순록은 이끼와 함께 숨어 있던 생쥐도 삼켜 버렸다.

이끼를 먹고 난 아기 순록은 엎드려 쉬었다. 생쥐는 아기 순록의 갈비뼈 사이 틈에 구멍을 뚫고 나와 말했다.

"이봐, 아기 순록아. 넌 덩치는 크지만 멍청해. 난 이렇게 작지만 너보다 더 세지. 너의 고기는 내 자손 대대로 먹어도 충분하겠다."

생쥐는 아기 순록의 가죽을 벗기려 했지만, 어디를 보아도 사방에 털이 무성해 어떻게 시작해야 할지 몰랐다.

생쥐는 갈매기를 불렀다.

"갈매기야, 갈매기야! 내가 아기 순록을 잡았어. 가죽을 벗겨 줘."

갈매기가 순록의 가죽을 벗기려 했지만, 그도 역시 할 수 없었다.

생쥐는 까마귀를 불렀다.

"까마귀야, 까마귀야! 내가 아기 순록을 잡았어. 이리 와서 가죽을 벗겨 줘."

까마귀가 날아왔다. 그도 가죽을 벗기려 애썼지만 할 수가 없었다. 그래서 눈만 빼 먹고 갔다.

생쥐는 누가 아기 순록의 가죽을 벗길 수 있을까 곰곰이 생각해 보았다.

그러던 중 여우와 늑대가 지나가는 것이 보였다.

여우가 다가와 말했다.

"생쥐야, 대단하다! 이렇게 좋은 순록을 잡다니. 넌 몹시 피곤하겠구나. 저리 가서 좀 자고 있어. 나와 늑대가 함께 가죽을 벗길 테니까. 그리고 준비가 다 되면 너를 깨울게."

여우의 이런 친절한 말을 들은 생쥐는 앞발을 베개 삼아 잠이 들었다.

얼마 후 여우가 소리쳤다.

"생쥐야, 일어나! 고기가 준비됐어. 와서 먹어."

생쥐가 일어나 아기 순록이 있던 장소로 갔다. 그런데 이게 뭔가? 거기에는 아기 순록의 뿔과 발굽만 남아 있었다. 여우와 늑대는 고기를 다 먹어 치우고 흔적도 없이 사라졌다. 생쥐는 너무 화가 나서 시름시름 앓다가 죽었다.

세 아들

가난한 여인이 살고 있었다. 그녀에게는 세 명의 아들이 있었다.

아들들은 자라면서 힘이 세지고 강해졌지만, 어머니는 늙어 갔다.

언젠가 어머니가 아들들에게 말했다.

"이제 너희 스스로 행복을 찾을 때가 되었다. 찾아 나서지 않는 자는 아무것도 얻지 못한다."

먼저 맏이가 길 떠날 준비를 했다. 어머니는 그를 위해 레표시카[1]를 구워 주었고, 이렇게 말했다.

"이 레표시카를 먹어라. 이걸 먹으면 힘이 날 거다."

맏이가 길을 나섰다. 오랫동안 길을 갔고 배가 고파졌다. 그는 레표시카를 꺼냈지만 먹지 않았다. 레표시카가 너무 새카맣고 딱딱하게 보였기 때문이다. 그래서 맏이는 어머니에게 화가 나 레표시카를 버리고 계속 길을 갔다.

마침내 작은 천막집 하나가 보였다. 가까이 다가갔다. 개가 꼬리를 흔들었다. 개 짖는 소리에 천막집에서 등이 굽은

---

1) 납작하고 둥근 빵. 중앙아시아 민족들의 전통 음식이다.

할머니가 나왔다. 할머니는 청년에게 말했다.

"이리 들어와. 배가 고플 텐데."

할머니는 음식을 내주었고, 이렇게 말했다.

"넌 여기서 행복을 찾을 수 있을 거야. 다만 내 말을 잘 들어 봐. 우리 집에서 멀지 않은 곳에 깊은 구덩이가 있어. 밤이 되면 그 구덩이로 가 봐. 그 속에 많은 별이 들어 있는 걸 볼 수 있을 거야. 할 수 있으면 모든 별을 다 꺼내. 그러면 행복을 찾을 수 있어."

청년이 말했다.

"그거 아주 쉽네요. 내겐 아주 쉬운 일이지요."

밤이 되자 청년은 양동이에 줄을 묶어 가지고 구덩이로 갔다.

그는 오랫동안 별을 퍼냈고, 마침내 지쳐 버렸다. 구덩이 속을 들여다보니 거기에는 아직도 많은 별이 빛나고 있었다. 조금도 줄어든 것 같지 않았다.

청년은 화가 났다. 그렇게 많은 별을 다 퍼내라고 한 노파가 분명 자신을 놀리는 것이라고 생각했다.

청년은 양동이를 집어 던지고 고향집으로 돌아왔다. 어머니는 그에게 아무 말도 하지 않고 그저 고개만 끄덕였다.

이번에는 둘째 아들이 행복을 찾아 나섰다. 그도 오랫동안 걸었고 마침내 배가 고파졌다. 어머니가 만들어 준 레표시카를 꺼냈다. 그도 그 레표시카가 마음에 들지 않았다. 검고 딱딱하게 변해 있었기 때문이다. 둘째 아들도 레표시카를 버리고 계속 길을 갔다. 곧 그도 작은 천막집을 발견했고, 노파가 그를 맞아 집으로 데리고 들어가 음식을 주고 말했다.

"여기서 너는 행복을 찾을 수 있을 거다. 다만 너의 형처럼 해서는 안 된다. 제대로 해야 한다."

밤이 되자 청년은 구덩이로 갔다. 그 속에는 별이 아주 많이 들어 있었다. 그는 구덩이 속으로 양동이를 넣어 별을 퍼내기 시작했다. 그는 오랫동안 일을 했고 마침내 지쳐 버렸다. 등도 아팠다. 청년이 구덩이 속을 들여다보자 거기에는 여전히 별이 아주 많이 남아 있었다.

청년은 화가 났다. 그 누구도 하룻밤 사이에 그렇게 많은 별을 다 퍼낼 수 없을 테니, 분명 형에게 했던 것처럼 노파가 자신을 놀리는 것이라고 생각했다.

청년은 양동이를 집어 던지고 고향집으로 돌아왔다.

어머니는 그에게도 아무 말을 하지 않았다. 다만 고개만 끄덕였고, 눈물을 흘렸다.

이제 막내아들 차례가 되었다.

어머니가 말했다.

"아들아, 끈기 있고 성실하게 해야 한다. 네 형들처럼 하면 안 된다."

청년은 오랫동안 길을 갔고, 마침내 배가 고파졌다. 어머니가 구워 준 레표시카를 꺼냈다. 레표시카는 이미 새카맣고 딱딱해져 있었다. 그러나 청년은 그것을 버리지 않고 먹었다. 그리고 계속해서 길을 갔다.

그가 작은 천막집에 도착했을 때, 해는 이미 낮게 기울어져 있었다. 개가 짖었고, 노파가 집에서 나와 그를 맞았다. 노파는 청년을 데리고 들어가 음식을 주었다. 그러나 청년은 어머니가 챙겨 준 레표시카를 꺼내면서 말했다.

"저에게 레표시카가 있어요. 제겐 이것이 무엇보다 맛이 있어요. 어머니가 길 떠나는 저를 위해 구워 준 것이지요."

그리고 그는 그 레표시카를 먹기 시작했다.

밤이 되자, 막내아들도 구덩이로 갔다. 열심히 구덩이에서 별을 퍼냈다. 땀을 뚝뚝 흘리며 일했지만, 구덩이 속에는 여전히 많은 별이 빛나고 있었다. 청년은 아주 오랫동안 일을 했다. 손도 아프고 등도 아팠다. 그러나 그는 중단하지 않고 계속해서 별을 퍼냈다.

갑자기 양동이가 무엇인가 딱딱한 것에 부딪혔다. 그래서 청년이 구덩이 속을 살펴보았다. 물도 없고 별도 남아 있지 않았다. 그때 새벽이 왔다. 하늘에는 해가 떴다. 해는 사방을 환하게 비추었다. 지친 청년은 구덩이 근처에 서 있었다. 그러나 그는 행복했다. 일을 다 해냈기 때문이었다.

노파가 청년에게 말했다.

"큰일을 해냈구나. 이 구덩이 바닥 물 밑에 '닐레카'[2]가 자신의 심장을 숨겨 두었지. 태양이 그것을 태워 버렸으니, 더 이상 사악한 '닐레카'가 살아 있지 못하게 되었다. 이제 그가 가졌던 순록과 목초지는 모두 너의 것이 되었다."

그 말을 들은 막내아들은 크게 기뻐했다. 그는 가난한 사람들을 불러 그들에게 목초지와 순록을 나누어 주었다. 가난한 사람들 가운데 그의 어머니도 있었다. 아들은 사랑의 눈으로 어머니를 바라보았다. 그에게 그런 강한 힘과 일에 대한 사랑을 심어 준 것이 바로 어머니였기 때문이다.

---

2) 키가 크고 말랐으며 옷을 입지 않고 걸어 다닌다는 괴물. 여자를 훔친다는 설이 있다.

월귤나무 열매

옛날에 한 아가씨가 살았다. 그녀는 작은 흙더미나 어린 자작나무 뒤에도 몸을 숨길 수 있을 정도로 작았다. 그래서 그녀를 '린제르마'[3]라고 불렀다.

언젠가 린제르마가 천막집에 앉아서 바느질을 하고 있었다. 그런데 갑자기 집 안이 어두워졌다.

린제르마는 누가 연기 구멍 근처에 앉아서 천막집 안으로 들어오는 빛을 막고 있다고 생각했다.

머리를 들어 살펴보니 청설모가 보였다. 린제르마가 말했다.

"청설모야, 저리 가. 네가 빛을 가려 어두워서 바느질하기가 어려워."

그러나 청설모는 말을 듣지 않을 뿐 아니라 솔방울을 린제르마에게 던졌다.

린제르마는 화가 나서 말했다.

"청설모야. 계속 솔방울을 던지면, 장대로 때릴 거야."

---

3) '린제르마(лынзермя, 러시아어로는 голубика)'는 월귤나무를 뜻한다.

그러나 청설모는 말을 듣지 않고 계속 솔방울을 던졌다.

린제르마는 장대를 집어 청설모를 때렸다. 청설모가 땅으로 떨어졌다. 그녀는 이렇게 말했다.

“가죽을 벗겨 이 부분으로는 장갑을 만들고, 이 부분으로는 외투를 만들고, 이 부분으로는 모자를 만들어야겠다.”

청설모 고기는 썰매 위에 올려 두었다.

얼마 후 그 천막집으로 낯선 남자 두 명이 왔다. 린제르마는 밖으로 나가 청설모 고깃덩어리를 가지고 들어왔다. 일부는 삶고 일부는 곧바로 먹을 수 있도록 요리했다.

남자들이 말했다.

“솜씨가 좋군. 우리 둘 중 하나의 부인이 되어 주오.”

린제르마는 깜짝 놀랐다. 그녀는 그들이 누구인지 몰랐다. 그런데 낯선 사람에게 시집을 가서 낯선 장소에서 유목하며 살게 된다니?

그녀는 잠시 생각하고 나서 말했다.

“저를 어떻게 데려갈 거지요? 무엇에 넣어 갈 건가요?”

남자들이 말했다.

“장갑에 넣어 가지.”

“그럼 제가 손가락에 눌릴 거예요.”

“품에 넣고 가지.”

“그럼 모피 외투의 털에 눌릴 거예요.”

"가죽 장화에 넣어 가지."

"그럼 장화 속에서 밟힐 거예요."

"모자 속에 넣어 가지."

"그럼 숨이 막힐 거예요."

"도대체 어디에 넣어 가야 하지?"

남자들이 물었다.

"나를 철 상자에 넣으세요."

남자들은 린제르먀를 철 상자에 넣어서 어디론가 데려갔다. 그들은 오랫동안 이동했다. 가는 길에 린제르먀는 상자의 열쇠구멍으로 조용히 빠져나왔다. 그리고 뛰어내려 나뭇가지를 잡고 잎사귀 사이로 숨었다. 나뭇가지에 앉은 채 울었다. 어떻게 집으로 돌아가야 할지 막막했기 때문이다.

남자들이 집에 도착해 상자를 열었다. 린제르먀는 없었다. 그들은 이리저리 살펴보았지만 그녀를 찾을 수 없었다.

린제르먀는 나뭇가지에 앉아서 울고 있었고, 몸이 파래지고 더 작고 둥글어졌다. 그녀는 월귤나무 열매로 변했다.

월귤나무 열매는 쉽게 찾을 수 없다. 열매가 잎사귀 사이에 숨어 있기 때문이다. 낯선 사람들이 찾아낼까 두려워하기 때문이다.

모캐 남편과 부인 마리야 공주

옛날에 할아버지와 할머니가 살았다. 그들에게는 자식이 없었다. 할아버지는 황궁이 있는 도시에 드나들며 나무로 체를 만드는 일을 했다. 언젠가 자갈이 가득한 강변을 걷다가 물고기인 모캐[4] 한 마리를 발견했다. 할아버지는 도끼로 죽이려고 했다. 그러자 모캐가 말했다.

"저를 죽이지 마세요. 아들로 키우세요."

할아버지는 모캐를 자루에 넣어 등에 메고 집으로 가져왔다. 침대에 올려 두고 할머니에게 말했다.

"우린 아들이 없었는데, 내가 아들을 얻었어."

할아버지와 할머니는 3년 동안 모캐에게 먹이를 주고 아들처럼 키웠다.

언젠가 모캐 아들이 아버지에게 말했다.

"황제에게 가서 청혼하세요. 공주가 있어요."

할아버지가 말했다.

"황제는 딸을 우리에게 주지 않을 거야. 어떤 왕이 찾아

4) 대구과의 민물고기. 몸의 길이는 1미터 정도이고 길고 굵으며, 머리만이 약간 앞으로 납작하다.

와도 딸을 주지 않아. 상인들이 찾아와도 주지 않고, 그 외에 여러 사람들이 찾아와도 딸을 주지 않지. 우리에게도 주지 않을 거야."

모캐가 말했다.

"그래도 가 보세요."

할아버지가 길을 나서 황제에게 갔다. 할아버지를 보자 황제가 말했다.

"무슨 일인가?"

할아버지가 말했다.

"저에게 모캐 아들이 있습니다. 청혼을 하려고 제가 왔습니다."

황제가 말했다.

"여러 왕들이 찾아와도, 상인들이 찾아와도 딸을 주지 않았어."

벽 뒤에서 그 말을 듣고 있던 공주가 말했다.

"그렇지요. 그럼 저 할아버지에게 일을 주고 기한을 정하세요. 러시아식으로 세 번 그렇게 하세요. 만일 다 해내면 제가 저 할아버지를 따라가고, 해내지 못하면 저 할아버지의 목을 베세요."

황제는 머리를 숙이고 잠시 생각하더니 말했다.

"일은 바로 이런 것이다. 하룻밤 사이에 황궁 옆에 집을 지어라. 내 딸을 너의 낡은 집으로 보낼 수는 없다. 만일 해내지 못하면 너희 목을 벨 것이다."

할아버지가 황궁을 나왔다. 슬프게 울었다. 눈물이 앞을 가려 넘어질 지경이었다. 집에 도착하니 모캐 아들이 물었다.

"아버지, 왜 우십니까?"

할아버지가 말했다.

"어떻게 울지 않겠니? 우리에게 딸을 주기나 하겠니? 하룻밤 사이에 집을 짓는 일만 받아 왔다. 어떻게 해낼 수 있겠니? 해내지 못하면, 우리 목을 베겠단다."

모캐 아들이 말했다.

"울지 마세요. 내일이면 저절로 되어 있을 거예요. 이제 주무세요!"

아버지와 어머니는 잠자리에 들었다. 그러자 모캐 아들은 문 쪽으로 기어갔다. 문턱까지 기어가 재주를 넘으니 잘생긴 청년으로 변했다. 그는 밖으로 나가 쇠로 만들어진 지팡이 손잡이로 땅을 쳤다. 그러자 30명의 병사가 나타나 물었다.

"주인님, 무엇을 할까요?"

모캐 아들이 말했다.

"황궁 옆에 집을 지어라. 황궁과 똑같은 집을 지어라!"

30명의 병사가 대답했다.

"분부대로 하겠습니다!"

발걸음 소리가 멀어지자 모캐 아들은 다시 집으로 가 집 문턱에서 재주를 넘어 모캐로 변해 침대에 누웠다.

이른 아침 모캐 아들이 아버지를 깨우고 말했다.

"도끼를 가지고 황궁으로 가세요. 어떻게 되었는지 가 보세요."

할아버지는 황궁으로 갔다. 황궁 옆에는 황궁보다 더 아름다운 집이 서 있었다. 황제가 창문을 통해 그 집을 보고 말했다.

"모캐 아들은 아마 보통 사람이 아닌가 보다."

할아버지가 도끼로 집의 여기저기를 쳐 보니 집은 끄떡없고 쇳소리만 났다. 할아버지는 집으로 돌아왔다. 모캐 아들이 물었다.

"어떻게 되었지요?"

할아버지가 말했다.

"황궁보다 더 멋진 집이 나타났어."

모캐 아들이 아버지에게 말했다.

"이제 황제가 뭐라고 말하는지 가 보세요."

할아버지는 기뻐하며 황궁으로 들어갔다.

황제가 물었다.

"무슨 일이냐?"

할아버지가 말했다.

"모캐 아들이 저를 보냈습니다."

황제가 말했다.

"내 교회 옆에 그것과 똑같은 새 교회를 짓도록 해라. 내 딸이 낡은 교회에서 결혼하는 것을 원하지 않는다. 그리고 내 교회와 새 교회를 돌다리로 연결해라. 그리고 새 교회에서 새 집으로 돌다리로 연결해라. 내 집에서 새 집까지도 돌다리로 연결해라. 결혼식 피로연 때 말을 타고 그 다리들을 돌아볼 것이다. 만일 그렇게 하지 않으면, 너희의 목을 벨 것이다."

할아버지는 슬피 울며 나왔다. 눈물이 앞을 가려 쓰러질 지경이었다. 하룻밤에 집을 지었다고 해도, 이제 그렇게 많은 일을 어떻게 다 해낼까 막막했다. 모캐를 아들 삼은 것이 죽음의 길을 선택한 것이 되었으니, 차라리 예전에 죽이는 것이 좋았을 것이라는 생각이 들기도 했다.

할아버지가 집으로 돌아오자 모캐 아들이 물었다.

"왜 우세요?"

할아버지가 말했다.

"어찌 울지 않겠니? 황제가 교회를 새로 짓고, 새 교회와 황제의 교회를 돌다리로 연결하고, 황궁과 새 집도 돌다리로 연결하라고 했다. 또 황제의 교회에서 황궁까지도 돌다리로 연결하라고 했다. 그렇게 하지 않으면, 우리 목을 베겠단다."

모캐 아들이 말했다.

"아버지, 이제 주무세요. 아침 일찍 도끼를 가지고 황제의 교회로 가 보세요."

할아버지가 잠자리에 들자마자 모캐 아들은 문 쪽으로 기어가 문턱에서 재주를 넘어 사람으로 변신했다. 그리고 밖으로 나가 지팡이 손잡이로 땅을 쳤다. 그러자 30명의 병사가 나타나 물었다.

"주인님, 무슨 일을 할까요?"

모캐 아들이 말했다.

"황궁 교회 옆에 똑같은 교회를 지어라. 그리고 돌다리로 새 집까지 연결해라!"

30명의 병사가 대답했다.

"분부대로 하겠습니다!"

발걸음 소리가 멀어지자 모캐 아들은 집 문턱에서 재주를 넘어 다시 모캐로 변신한 뒤에 침대에 누웠다. 이른 아침 그는 아버지를 깨우고 말했다.

"황궁으로 가서 어떻게 되었는지 보세요."

할아버지는 도끼를 들고 나갔다. 새로 지어진 교회는 황제의 교회보다 더 아름다웠고 사방이 돌다리로 연결되어 있었다. 할아버지는 도끼로 여기저기 두드려 보았다. 교회는 끄떡없었고 쇳소리만 났다.

황제는 창문을 내다보면서 말했다.

"모캐 아들은 틀림없이 보통 사람이 아니야. 하룻밤 사이에 교회를 짓다니."

할아버지가 집으로 돌아오자 모캐 아들이 물었다.

"어떻게 되었나요?"

할아버지가 대답했다.

"교회가 생겨났다."

모캐 아들이 아버지에게 말했다.

"다시 황궁으로 가세요."

할아버지는 기뻐서 발걸음도 가벼웠다. 할아버지가 황궁에 도착하자 황제가 물었다.

"무슨 일이냐?"

할아버지가 말했다.

"모캐 아들이 저를 보냈습니다."

황제가 말했다.

"이제 마지막 일이 남았다. 만일 그것을 해내면, 내 딸을 주겠다. 말 세 마리에 썰매를 매어 가져와라. 만일 그렇게 하지 못하면, 너희의 목을 베겠다. 만일 그렇게 한다면, 아무리 이 땅의 사람들이 비웃어도 딸을 주겠다."

할아버지는 슬피 울며 나왔다. 눈물이 앞을 가려 쓰러질 지경이었다. 집에 도착하자 모캐 아들이 물었다.

"왜 우세요?"

"어찌 울지 않겠니? 누가 우리에게 딸을 주겠니? 나는 노인이고, 너는 모캐인데. 황제가 하룻밤 사이에 말 세 마리를 구해서 썰매를 갖추라고 했다."

모캐 아들이 말했다.

"이제 주무세요. 그렇게 될 겁니다. 아침 일찍 황궁으로 가서 어떻게 되었는지 보세요."

할아버지가 잠자리에 들자마자 모캐 아들은 문 쪽으로 기어가서 문턱에서 재주를 넘어 사람으로 변신했다. 그리고 지팡이 손잡이로 땅을 쳤다. 30명의 병사가 나타나 물었다.

"주인님, 무슨 일을 할까요?"

모캐 아들이 말했다.

"말 세 마리를 구하고 썰매를 갖추어라!"

30명의 병사가 대답했다.

"분부대로 하겠습니다!"

병사들이 뛰어가자 모캐 아들은 집으로 들어가 문턱에서 재주를 넘어 다시 모캐로 변해 침대에 누웠다.

그는 아침 일찍 아버지를 깨우고 말했다.

"황궁으로 가서 어떻게 되었는지 보세요."

할아버지는 다시 황궁으로 갔다. 황궁 창문 아래 썰매를 맨 말 세 마리가 서 있었다. 할아버지는 이리저리 살펴보았다. 황제는 창문을 통해 말이 준비되어 있는 것을 보았다.

"모캐 아들은 분명 보통 사람이 아니야. 하룻밤 새 말 세 마리를 구하다니."

할아버지는 집으로 돌아가 모캐 아들에게 말했다.

"황궁 창문 아래 말들이 서 있다."

모캐 아들이 아버지에게 말했다.

"다시 한번 가세요. 이제 마지막입니다."

할아버지는 기쁨에 겨워 나는 듯했다. 아주 기뻤다. 황실에 도착하자 황제가 물었다.

"무슨 일이냐?"

할아버지가 말했다.

"모캐 아들이 보냈습니다. 마지막 일이 끝났으니 딸을 주십시오!"

황제가 말했다.

"약속을 했으니 줄 것이다. 사람들이 비웃거나 말거나 딸을 줄 것이다. 모캐 아들을 데려와라!"

할아버지는 뛸 듯이 기뻤다. 한걸음에 내달려 집으로 돌아왔다.

모캐 아들이 물었다.

"딸을 준답니까?"

할아버지가 말했다.

"그래서 내가 널 데리러 왔다. 결혼식을 할 거다."

할아버지는 모캐 아들을 자루에 넣어 어깨에 메고 황궁으로 갔다. 사람들이 모여 수군대었다.

"이제 황제가 정신이 나갔나 봐. 공주를 모캐에게 시집보낸다니!"

할아버지는 신경 쓰지 않고 황궁으로 갔다. 모캐 아들을 자루에서 꺼내 의자에 올려 두었다. 포도주를 나누어 주면 모캐 아들의 입에 부어 주었다. 결혼식은 1주 동안 계속되었다. 새 교회에서 결혼식을 했고, 새 집에서 잔치를 했다. 잔치가 끝나고 모캐는 새 집에서 살게 되었다. 낮에는 모캐로 밤에는 남자로 3년을 지냈다.

언젠가 마리야 공주가 아침 일찍 난로를 피우고 근처에 앉아 슬픔에 잠겨 있었다. 3년간 사람들의 비웃음 속에 살았으니, 이제 모캐 남편의 옷을 태워 버리면 항상 남자의 모습으로 있을 것이라고 생각했다.

그래서 남편의 옷을 난로에 태워 버렸다. 그리고 남편의 침실로 갔다. 그런데 남편이 없었다. 마리야 공주는 창가에 앉았다. 그때 작은 새가 날아와 말했다.

“마리야 공주, 모캐 남편의 옷을 태워 버렸지. 3년을 참았으나 3일을 더 참지 못했네. 3일 뒤면 완전한 사람이 되었을 텐데.”

해가 뜨기 직전 새는 날아가 버렸고, 마리야 공주는 슬픔에 잠겨 앉아 있었다. 1주가 지나도 슬픔에서 벗어날 수 없었다. 모캐 남편을 어디서 찾을까 하는 생각뿐이었다.

1주 후 마리야 공주가 거리로 나가 무작정 발걸음을 옮겼다. 새가 날아간 방향으로 길을 따라 걸어갔다. 도시 경계까지 나갔다. 그곳에는 집이 한 채 서 있었다. 그곳에서 나이 든 여자가 소리쳤다.

“마리야 공주, 어디를 가는 거지?”

마리야 공주가 대답했다.

“저는 모캐 남편의 옷을 태워 버렸어요. 그이를 찾아가는 겁니다.”

노파가 말했다.

“그런 차림으로는 그를 찾을 수 없어. 궁으로 돌아가서 쇠로 장화 세 켤레, 모자 세 개, 떡 세 개를 만들어 가면 찾아갈 수 있을 거야.”

마리야 공주는 되돌아갔다. 장화 세 켤레, 모자 세 개, 떡 세 개를 쇠로 만들어 다시 길을 나섰다. 도시를 지나 도시의 경계에 도착해 노파의 집으로 갔다. 노파는 그녀에게 먹을 것을 주고 쉬어 가게 했다. 다음 날 이른 아침에 마리야 공주는 떠날 준비를 했다. 그때 노파가 말했다.

"가다가 땅속으로 난 굴을 발견하면, 그 앞에서 쇠로 만든 장화를 신고 모자를 써. 그리고 쇠로 만든 떡 하나를 입에 물어. 그리고 굴로 들어가. 그 속에는 소리치는 사람, 우는 사람, 노래하는 사람 들이 있을 거야. 그들이 '마리야 공주, 이리 돌아와!'라고 말하겠지만, 그 말을 듣지 말고 계속 가. 굴이 끝나 땅 위로 올라가면 나의 자매가 기다리고 있다가 길을 가리켜 줄 거야. 지하 동굴을 지나는 동안 쇠로 만든 장화와 모자가 다 닳아 버릴 거야. 만일 굴에서 벗어나지 못하면, 목숨도 닳아 없어져 죽을 거야."

마리야 공주는 길을 나섰다. 얼마나 걸었는지 모르지만, 오솔길이 끝나자 동굴 앞이었다. 마리야 공주는 쇠 장화를 신고 쇠 모자를 쓰고 동굴로 들어가 걸어갔다. 양쪽에서 우는 소리, 웃는 소리, 노래하는 소리가 들렸고, 그들은 "마리야 공주, 여기를 봐!"라고 말했다.

마리야 공주는 계속 가던 길을 갔다. 쇠 장화가 닳아 발을 찔렀고, 쇠 모자도 닳아 머리를 찔렀다. 쇠로 만든 떡을 먹었다. 장화와 모자를 갈아 신고, 새로운 떡을 입에 물었다. 양쪽에서 우는 소리, 웃는 소리, 노래하는 소리가 들렸고, 그들은 "마리야 공주, 이리 돌아와!"라고 말했다. 그러나 마리야 공주는 가던 길을 계속 갔다. 또다시 닳아 버린 쇠 장화가 발을 찔렀고, 닳아 버린 모자가 머리를 찔렀다. 마지막 남은 장화로 갈아 신고 모자를 갈아 쓰고 새로운 떡을 입에 물었다. 그리고 계속 갔다. 닳아 버린 쇠 장화가 발을 찌르고 닳아 버린 모자가 머리를 찌르기 시작했다. '왜 모캐 남편의 옷을 태웠던가? 왜 3년을 참고 3일을 더 참지 못했던가? 이제 이렇게 땅속에서 죽는가 보다' 생각했다.

그러나 계속 갔다. 마침내 바늘구멍만 한 빛이 보였다. 마리야 공주의 뺨에서는 피가 흘렀고, 다리에서도 피가 흘렀다. 그렇게 간신히 동굴을 빠져나갔다. 그리고 동굴 출구 근처에서 1주를 누워 있었다. 그 후 조금씩 움직여 가다가 집을 발견했다. 집으로 들어가자 마귀할멈이 있었다. 마귀할멈이 말했다.

"아, 마리야 공주가 왔네. 어디 가는 거지?"

마리야 공주가 말했다.

"저는 모캐 남편의 옷을 불태웠어요. 지금 모캐 남편의 흔적을 따라 죽음의 길을 갑니다. 남편이 너무너무 불쌍해요!"

마귀할멈이 말했다.

"모캐 남편은 10년 전에 이곳으로 와서 불의 황제의 딸을 부인으로 맞았지. 그러니 당장은 여기서 지내. 좀 지나면 그에게 가는 길을 알려 줄 테니까."

마리야 공주는 거기서 1주일을 지냈다. 1주일 후 일요일이 되었다. 마귀할멈이 말했다.

"이제 가야 해. 오늘 가. 저쪽에 정원이 있어. 정원 끝에 언덕이 있는데, 넌 거기에 앉아 있어야 돼."

마귀할멈이 빗을 주며 말했다.

"거기 앉아서 머리를 빗고 있어. 똑같은 옷을 입은 똑같이 생긴 여자 세 명이 올 거야. 중간에 있는 여자가 너의 모캐 남편의 새 부인이야. 그녀가 너에게 빗을 팔라고 말할 거야. 너는 그 빗은 팔 것이 아니라 약속의 징표로 사용할 것이라고 대답해. 그럼 그녀가 어떤 약속인지 물을 거야. 그러면 모캐 남편과 하룻밤 지내게 해 주면 빗을 주겠다고 해. 그녀는 그렇게 하라고 할 거야. 그래도 빗을 바로 주지 마. 그 집에 도착한 뒤에 줘."

마리야 공주는 길을 떠났다. 정원 끝까지 가서 언덕 위에 앉았다. 똑같이 생긴 세 명의 여자가 왔다. 마리야 공주는 빗으로 머리를 빗었다. 중간의 여자가 말했다.

"그 빗을 팔아. 우리 도시가 크지만 그런 빗은 본 적이 없어."

마리야 공주가 말했다.

"이 빗은 약속의 징표로 사용할 것이라서 팔 수 없어요."

모캐의 새 부인이 물었다.

“어떤 약속의 징표?”

마리야 공주가 말했다.

“만일 모캐 남편과 하룻밤 지낼 수 있게 해 주면 빗을 드리지요.”

모캐의 새 부인이 말했다.

“그래 좋아. 빗을 줘!”

마리야 공주가 말했다.

“지금 주지 않을 겁니다. 그곳에 도착하면 주지요.”

모캐의 새 부인이 말했다.

“우리를 따라와!”

마리야 공주는 그들을 따라갔다. 그들은 모캐 남편의 집에 도착했다. 불의 황제의 딸이 말했다.

“잠깐 기다려!”

그녀는 집으로 들어갔다가 잠시 후 다시 나와 말했다.

“원한다면, 하룻밤 지내!”

모캐의 새 부인은 빗을 받고 마리야 공주를 문 안으로 들여보냈다. 그리고 문을 닫았다. 마리야 공주는 침상으로 다가갔다. 모캐 남편이 자고 있었다. 마리야 공주는 그를 깨웠지만, 그는 깨어나지 않았다. 아무리 해도 깨울 수 없었다.

아침이 되자 열쇠 소리가 들렸다. 모캐의 새 부인이 들어와 말했다.

"하룻밤 보냈으니 이제 나가!"

마리야 공주는 슬퍼하며 그 집을 나가 마귀할멈을 찾아갔다. 마귀할멈의 집에서 1주일을 슬픔 속에서 보냈다.

"이제 다시 가서 정원의 언덕 위에 앉아 있어."

마귀할멈은 마리야 공주에게 반지를 주며 말했다.

"손에 반지를 껴. 세 명의 여자가 올 것이고, 가운데 여자가 반지를 팔라고 할 거야. 반지는 약속의 징표로 사용할 것이라고 대답해. 그녀가 어떤 약속이냐고 물으면, 모캐 남편과 하룻밤을 지낼 수 있게 해 주면 반지를 주겠다고 해. 반지를 바로 주지 마. 집에 도착하면 줘. 바로 줘 버리면 널 속일 거야."

마리야 공주는 길을 나섰다. 정원 끝부분의 언덕에 앉았다. 얼마 후 세 명의 여자가 왔다. 가운데 여자가 말했다.

"반지를 팔아!"

마리야 공주가 말했다.

"반지는 약속의 징표로 사용할 것입니다."

모캐의 새 부인이 물었다.

"무슨 약속?"

마리야 공주가 말했다.

"만일 모캐 남편과 하룻밤 보낼 수 있게 해 주면 반지를 주지요. 그게 약속입니다.”

모캐의 새 부인이 말했다.

“그러지!”

마리야 공주가 말했다.

“지금 바로 주지 않을 겁니다. 집에 도착하면 주지요.”

모캐의 새 부인이 말했다.

“자, 가자!”

마리야 공주는 그들과 함께 가 집 문간에 도착했다. 모캐의 새 부인이 말했다.

“잠깐만 기다려!”

그녀는 집에 들어갔다가 잠시 후 다시 나왔다. 그리고 반지를 받고 마리야 공주를 들여보내면서 말했다.

“원한다면, 하룻밤 지내!”

문이 잠겼다. 마리야 공주는 침대로 다가갔다. 모캐 남편은 술에 취해 있었다. 마리야 공주는 밤새 그를 깨우려 했으나 결국 깨우지 못했다.

아침이 되었다. 문이 열리고 모캐의 새 부인이 들어와 말했다.

“하룻밤 지냈으니 이제 나가!”

마리야 공주는 집을 나가 전처럼 마귀할멈의 집으로 갔다. 마귀할멈이 물었다.

"모캐 남편을 봤나?"

마리야 공주가 말했다.

"눈으로만 보았어요. 술에 취해서 아무리 깨워도 깨어나지 않았어요."

마귀할멈이 말했다.

"그 여자는 아주 교활해. 남편에게 비싼 물을 잔뜩 먹였구먼."

마리야 공주는 다시 마귀할멈 집에서 슬픔에 잠겨 1주일을 보냈다. 그 후 일요일이 왔다. 마귀할멈이 말했다.

"마리야 공주, 다시 가 봐. 자, 여기 손수건이 있어. 그 무엇보다 아름답지. 이번에도 남편을 깨우지 못하면, 평생 남편을 볼 수 없을 거야. 이게 마지막으로 주는 거야. 이제 가 봐. 이제 어떻게 해야 하는지도 잘 알 거야."

마리야 공주는 길을 나서 정원 끝까지 가서 그곳의 언덕에 앉았다. 얼마 지나자 세 명의 여자가 왔다. 마리야 공주는 손수건으로 머리를 묶었다. 중간의 여자가 말했다.

"손수건을 팔아! 그렇게 예쁜 손수건을 본 적이 없어. 팔아!"

마리야 공주가 말했다.

"손수건은 약속의 징표입니다."

모캐의 새 부인이 물었다.

"어떤 약속?"

마리야 공주가 대답했다.

"모캐 남편과 하룻밤 지내게 해 주면 손수건을 주지요!"

모캐의 새 부인이 말했다.

"그렇게 해. 손수건 줘!"

마리야 공주가 말했다.

"지금 바로 주지 않을 겁니다. 집에 도착하면 주지요."

모캐의 새 부인이 말했다.

"그럼 우리를 따라와!"

마리야 공주는 뒤를 따라갔다. 집 문 앞에 도착하자 모캐의 새 부인이 말했다.

"잠시 기다려!"

그녀는 집으로 들어갔다가 잠시 후 다시 나왔다. 손수건을 받고 마리야 공주를 들여보냈다. 마리야 공주는 침상으로 다가가서 모캐 남편을 깨웠다. 모캐 남편은 취해 있었다. 도무지 깨울 수가 없었다. 밤새도록 깨웠지만, 모캐 남편은 깨어나지 않았다. 아침이 되었다. 결국 모캐 남편을 깨우지 못한 마리야 공주는 울기 시작했다. 눈물이 모캐 남편의 얼굴에 떨어졌다. 문간에서 열쇠 소리가 들렸다. 문이 열렸다. 모캐의 새 부인이 들어와 말했다.

"이제 됐어. 나가!"

그때 모캐 남편이 깨어나 말했다.

“비가 온 거야? 얼굴에 물방울이 떨어지다니.”

그는 마리야 공주를 알아보고 새 부인에게 말했다.

“부인, 당신은 후에 얻은 부인이고, 여기 이 여인이 나의 진짜 부인이야!”

모캐의 새 부인은 그저 말없이 서 있었다. 모캐 남편이 말했다.

“마리야 공주! 아, 당신이 왔구려!”

모캐는 도시 주민을 모으고 높은 사람들을 초대하여 음식을 대접하며 말했다.

“높으신 분들이여, 생각해 보시오! 내가 어떤 부인과 살겠소? 한 부인은 죽음도 두려워하지 않고 나를 찾아왔고, 다른 부인은 손수건에, 반지에, 빗에 나를 팔았습니다. 내가 누구를 택하겠습니까? 말씀해 보시지요!”

높은 사람들이 말했다.

“죽음도 두려워하지 않고 너를 찾은 부인과 살아야 한다. 그 여자가 너의 진정한 부인이다. 다른 부인은 너를 팔아 버렸다!”

잔치가 계속되었다. 모캐가 말을 이었다.

“마리야 공주, 이제 갑시다!”

그리고 새 부인에게는 이렇게 말했다.

"다른 사람을 도시의 주인으로 골라서 잘 사시오."

모캐는 녹이 슨 상자 하나를 집어 들었다. 모캐와 마리야 공주는 거리로 나갔다. 모캐가 말했다.

"마리야 공주, 눈을 감아요!"

마리야 공주는 눈을 감았다. 바람 소리만 들렸다. 바람이 멈추었고, 모캐 남편이 말했다.

"마리야 공주, 이제 눈을 떠요!"

눈을 떠 보니 그들은 강변에 앉아 있었고, 앞쪽으로 도시가 보였다.

"이 도시를 아는가?"

마리야 공주가 말했다.

"아니, 몰라요."

모캐가 말했다.

"여기가 당신 아버지의 도시야."

모캐 남편이 상자를 열었고, 마리야 공주는 의식을 잃었다. 마리야 공주가 의식을 차리고 눈을 떠 보니 모캐 남편과 침대에서 자고 있었다. 집 안에는 많은 물건이 있었다. 거리에는 소와 말들이 다니고 있었다. 도시는 끝도 없이 넓었다. 모캐 남편이 잠이 깨 말했다.

"마리야 공주, 예전에 당신이 세 가지 일을 하도록 요구했던 것 때문에 고생을 한 것이오."

그다음에 모캐는 아버지, 어머니를 모셔왔고, 함께 식사를 했다. 모캐는 황제가 되었고, 아버지, 어머니를 모시고 함께 살았다.

러시아 노인의 세 아들

러시아 노인에게 세 명의 아들이 있었다. 그중 막내는 바보였다. 노인은 병을 앓고 있었다. 바보 아들은 항상 벽난로 위에 앉아 있었다.

언젠가 아버지가 아들들에게 말했다.

"난 곧 죽을 거야. 내가 죽으면, 큰아들은 첫째 날 저녁에, 둘째 아들은 둘째 날 저녁에, 바보 아들은 셋째 날 저녁에 내 무덤에 찾아오도록 해라."

노인은 그렇게 말하고 죽었고 시신은 묘지에 매장되었다. 저녁이 되자 바보 아들이 큰아들에게 말했다.

"아버지가 무덤에 오라고 했잖아."

"내가 왜 가? 내가 간다고 해도 아무도 보지 못할 것이니, 그 누구도 내가 무덤에 다녀갔다고 말해 주지 않을 거 아냐. 그런데 왜 가니?"

모두 잠자리에 들었다. 그런데 잠시 후 바보 아들이 일어나 아버지 무덤으로 갔다.

무덤 속에서 아버지가 물었다.

"큰아들아, 너냐?"

바보 아들은 대답하지 않았다.

"둘째 아들아, 너냐?"

바보 아들은 또 대답하지 않았다.

아버지가 말했다.

"바보야, 너니?"

바보 아들이 말했다.

"예, 저예요."

아버지가 말했다.

"내가 너를 바보로 취급했는데, 넌 바보가 아니구나. 큰아들이 바보구나."

아버지는 기사들이 하는 것처럼 휘파람을 휙 불었다. 마치 천둥이 치는 듯 큰 소리를 내며 밤색 말 한 마리가 뛰어왔다.

아버지가 말했다.

"이제 이 말은 네 것이다. 전에 이 말을 큰아들에게 주려고 했다. 그런데 스스로 오지 않았다."

그리고 아버지는 말에게 말했다.

"자, 이제 이 사람이 너의 주인이다."

바보 아들은 말의 한쪽 귓속에서 몸을 씻고, 다른 쪽 귓속에서 기사의 옷을 입었다. 머리에는 투구를 썼다. 그런 후 바보 아들은 말을 돌려보내고 다시 낡은 옷을 입고 집으로 돌아왔다.

아침이 되었다. 큰아들이 물었다.

"아버지가 네게 뭐라고 하셨니?"

바보 아들이 대답했다.

"죽은 사람이 무슨 말을 해? 아무 말도 없었어."

낮이 지나고 저녁이 오자 바보 아들이 둘째 형에게 말했다.

"아버지가 오라고 하셨잖아."

둘째 형이 대답했다.

"내가 가서 뭘 하겠니? 죽은 사람이 무슨 말 하는 거 본 적 없다. 안 간다."

바보 아들이 또 무덤으로 갔다. 무덤 속에서 아버지가 물었다.

"둘째 아들아, 너니?"

바보 아들은 대답하지 않았다. 아버지가 물었다.

"바보야, 너니?"

바보 아들이 그렇다고 대답했다.

아버지가 말했다.

"내가 너를 바보로 여겼는데, 넌 바보가 아니구나. 둘째 아들이 바보구나."

아버지는 기사들이 하는 것처럼 휘파람을 불었다. 그러자 천둥소리를 내며 붉은색 말이 뛰어왔다. 그 말은 어제의 말보다 더 컸다.

아버지가 아들에게 말했다.

“이제 이 말도 너의 것이다.”

바보 아들은 말의 한쪽 귓속에서 세수를 했고, 다른 쪽 귓속에서 옷을 입었다. 머리에는 투구를 썼다. 그리고 말을 보내 주고 집으로 갔다. 집에 가서는 벽난로 위에 앉았다.

둘째 형이 그에게 물었다.

“아버지가 네게 뭐라고 하셨니?”

바보 아들이 대답했다.

“죽은 사람이 무슨 말을 해?”

낮이 지나고 저녁이 왔다. 바보 아들이 말했다.

“이제 내 차례가 되었네.”

형들이 말했다.

“가 봐. 아버지가 네게 뭐라고 하실지!”

바보 아들은 집을 나서 아버지에게 갔다.

아버지가 물었다.

“바보야, 너니?”

바보 아들이 대답했다.

“예. 저예요.”

아버지는 기사들이 하는 것처럼 휘파람을 불었다. 그러자 검은색 말 한 마리가 뛰어왔다. 마치 천둥이 치는 것 같았다. 어제의 말보다 더 컸다.

아버지가 말했다.

"이 말은 네 것이다."

그리고 또 말했다.

"이 말은 널 주려고 준비한 것이다."

바보 아들은 말의 한쪽 귓속에서 세수를 했고, 다른 쪽 귓속에서 옷을 입었다. 머리에는 투구를 썼다. 그 후 말을 보내 주고 집으로 갔다. 집에 가서는 또다시 벽난로 위로 올라갔다.

아침이 되었다. 큰형이 물었다.

"아버지가 네게 뭐라고 하셨니?"

바보 아들이 대답했다.

"무슨 말을 하겠어? 아무 말도 없었어."

큰형이 말했다.

"아버지가 어떻게 말을 할 수 있겠어!"

바보 아들은 아무 말 없이 벽난로 위에 앉아 있었다.

그 후 언젠가 사람들이 말했다.

"오늘 모두들 황제가 사는 도시에 모인다네."

형들이 말했다.

"우리도 보러 가자. 황제의 딸이 손수건을 지붕 높이 내건단다. 그걸 잡는 사람은 황제의 딸을 신부로 얻을 수 있대."

바보 아들이 말했다.

"나도 갈래."

형들이 말했다.

"넌 필요 없어! 너 같은 멍청이를 누가 반기겠니?"

형들이 떠난 후 바보 아들은 두 형수에게 말했다.

"바구니 좀 주세요. 버섯 따러 갈래요."

형수들은 그에게 바구니를 주었다. 바보 아들은 밖으로 나갔다. 밖에서 한 나무에다 바구니를 내려쳐 부숴 버리고 계속 갔다. 가다가 골짜기를 만났다. 그러자 기사들의 휘파람 소리를 냈다. 밤색 말이 천둥소리를 내며 뛰어왔다.

바보 아들은 말의 한쪽 귓속에서 세수를 하고, 다른 쪽 귓속에서 옷을 입었다. 머리에는 투구를 썼다.

황제의 도시에는 많은 사람이 모였다. 많은 용사들도 모여들었다. 그러나 손수건은 아무도 내리지 못해 높은 곳에 남아 있었다.

바보 아들은 바람처럼 내달렸다. 황궁으로 말을 몰아갔다. 손수건을 잡기 위해 말에 박차를 가했다. 말이 높이 뛰어올랐고, 바보 아들은 손수건을 잡아채 내달렸다. 그 때문에 거센 바람이 일어 황궁의 유리창이 모조리 깨졌다.

황제가 소리쳐 말했다.

"저 사람을 잡아라! 어디서 온 사람이냐? 살펴봐야겠다. 가까운 곳에는 저런 용사도 저런 말도 없다."

그러나 그를 잡을 수 없었다. 그는 그대로 가 버렸다.

바보 아들은 계곡까지 달려가서 다시 낡은 옷으로 갈아입었다. 말을 보내 주고 집으로 갔다. 집에 가서 말했다.

"바구니를 잃어버렸어요."

형수들은 투덜거렸다.

"바구니를 잃어버리다니? 정말 바보야."

바보 아들은 또다시 벽난로 위로 올라가 앉았다.

어두워지자 형들이 돌아와 말했다.

"그게 도대체 누구일까? 손수건을 가져갔으니. 아무도 그를 잡을 수 없었대. 가까운 곳에는 그런 용사도 그런 말도 없대."

알 수 없는 일이었다.

바보 아들이 말했다.

"내가 아니었을까?"

형들이 말했다.

"그래 너와 아주 비슷했지!"

바보 아들은 다시 입을 다물었다.

밤이 지났다. 아침이 되자 형들이 말했다.

"다시 황제의 도시로 가자. 황제의 딸이 비단 수건을 더 높이 매달아 놓을 거라니. 어제 그 말도 찾아보자. 그자가 어디서 온 것인지도 알아보고. 자, 보러 가자."

바보 아들이 말했다.

"나도 갈래."

형들이 말했다.

"너 같은 멍청이를 누가 반기겠니?"

형들이 떠났다. 바보 아들은 다시 형수들에게 말했다.

"바구니 좀 주세요. 버섯 따러 갈래요."

형수들은 다시 바구니를 주었다. 바보 아들은 집을 나섰고, 밖에서 바구니를 나무에다 내려쳐 부숴 버렸다. 그리고 계속 가서 계곡에 도착했다. 기사들의 휘파람 소리를 냈다. 붉은 말이 천둥소리를 내며 뛰어왔다.

바보 아들은 말의 한쪽 귓속에서 세수를 하고, 다른 쪽 귓속에서 옷을 입었다. 머리에는 투구를 썼다. 말을 타고 황궁을 향해 바람처럼 내달렸다.

전보다 더 많은 사람들이 모여들었다. 비단 수건이 더 높은 곳에 매달려 있었다. 용사들도 그 수건을 잡지 못했다. 바보 아들이 바람처럼 달려 황궁 가까이 가서 말에 박차를 가했다. 말은 높이 뛰어올랐다. 바보 아들은 비단 수건을 잡아채고 그대로 내달렸다. 그 바람 때문에 황실의 유리가 다 깨졌다.

황제가 소리쳤다.

"잡아! 저게 누구인지 알아내!"

그러나 그를 따라잡을 수 없었다. 바보 아들은 계곡까지 내달렸다.

말에서 내려 다시 낡은 옷으로 갈아입고 말을 보내 주었다. 그리고 집으로 돌아가 또다시 벽난로 위로 올라가 앉았다.

저녁이 되자 형들이 돌아와 말했다.

"누가 그렇게 비단 수건을 채 갈 수 있었던 거지? 그 사람을 잡지도 못했잖아. 가까운 땅에는 그런 사람이 없어."

바보 아들이 말했다.

"나 아냐?"

형들이 말했다.

"그래 너와 아주 비슷했다!"

바보 아들은 입을 다물었다.

밤이 지났다. 아침이 되자 형들이 말했다.

"오늘도 황제의 도시로 가자. 오늘 황제의 딸이 황금 반지를 더 높은 곳에 매달아 놓는다니. 그걸 가져가는 사람이 황제의 딸을 차지하게 되지. 어제 그 말도 찾아보자. 오늘은 사람이 더 많이 모일 거야. 반지를 누가 가져갈까? 자, 가 보자."

바보 아들이 말했다.

"나도 가."

형들이 말했다.

"에이, 멍청한 놈! 누가 너 같은 바보를 반겨 주겠니?"

형들이 떠나자, 바보 아들이 말했다.

"바구니 좀 주세요."

바구니를 주었다. 바보 아들은 집을 나섰다. 또다시 바구니를 나무에다 내리쳐 부숴 버렸다. 그리고 계속해서 길을 가 계곡에 도착했다. 기사들의 휘파람 소리를 냈다. 검은색 말이 천둥 같은 소리를 내며 뛰어왔다.

바보 아들은 말의 한쪽 귓속에서 세수를 하고, 다른 쪽 귓속에서 옷을 입었다. 말을 타고 황궁을 향해 바람처럼 내달렸다.

지난번보다 더 많은 사람들이 모여들었다. 용사들은 황금 반지에 도달할 수 없었다. 바보 아들이 바람처럼 달려 황궁 가까이 가서 말에 박차를 가했다. 검은 말은 높이 뛰어올랐다. 바보 아들은 황금 반지를 잡아채 그대로 내달렸다.

황제가 소리쳤다.

"잡아! 잡아!"

그를 잡을 수 없었다. 바보 아들은 계곡까지 달려가 기사의 복장을 벗고 자신의 낡은 옷으로 갈아입고 집으로 갔다.

또다시 벽난로 위로 올라가 앉아서 말했다.

"바구니를 또 잃어버렸어요!"

형수들이 투덜거렸다.

"바보야. 정말 바보야."

저녁이 되자 형들이 돌아와 말했다.

"그게 도대체 누구일까? 황제 딸의 황금 반지를 가져간 사람이."

바보 아들이 말했다.

"나 아니야?"

형들이 대답했다.

"정말 너하고 똑같았다. 이 멍청아!"

바보 아들은 입을 다물었다.

밤이 지났다. 아침이 되자 형들이 말했다.

"누가 황금 반지를 가져간 것인지 알아보러 가자. 오늘도 가서 그를 찾아보자. 오늘은 황제의 딸이 가난한 자도 부자도 음식을 대접한다고 했으니."

형들은 가장 좋은 옷을 차려입었다. 바보 아들이 말했다.

"나도 갈래."

형들이 대답했다.

"아이고, 엄청 환영받겠다! 누가 너 같은 멍청이를 반겨주겠냐?"

형들이 집을 나섰다. 바보 아들은 형들의 뒤를 따라갔다. 뒤를 따라 황제의 도시에 도착했다. 더 많은 사람들이 모여 있었다. 형들이 먼저 황궁으로 들어갔고, 바보 아들도 뒤를 따라 들어갔다.

바보 아들은 난로의 그늘에 앉았다. 사람들이 아주 많았다. 황제의 딸은 포도주를 쟁반에 담아 날랐다. 사방에서 온 용사들도 앉아 있었다.

황제의 딸이 난로 가까이로 왔다. 바보 아들을 보고 말했다.

"여기에도 사람이 있는 걸 몰랐네. 술잔을 받아요."

바보 아들이 말했다.

"술 안 마셔요."

황제의 딸이 대답했다.

"오늘은 모두가 손님입니다. 가난한 사람도 부자도."

바보 아들은 술잔을 왼손으로 받았다.

황제의 딸이 말했다.

"왼손으로 받지 마세요. 오른손으로 받아요."

바보 아들이 말했다.

"손이 아파서요."

황제의 딸이 대답했다.

"아프더라도 받으세요."

바보 아들은 조심스럽게 손끝으로 받았다. 그때 황제의 딸이 황금 반지를 보았다. 그리고 바보 아들의 손을 잡고 앞으로 데려갔다.

그의 형들이 말했다.

"우리 동생이네. 재 바본데. 진짜 바본데."

황제의 딸이 대답했다.

"그래서요? 이런 행복이 내게 찾아오다니. 이 사람이 저의 남편입니다."

황제의 딸은 술을 나누어 주는 것을 그만두고, 바보 아들에게 멋진 옷을 입혔다. 그리고 바보 아들을 데리고 황제의 딸들이 기사인 남편들과 앉아 있던 그 자리로 가서 함께 앉았다.

그 후 언제인가 황궁에 '저 바다 건너 저 먼 곳에 40마리의 황금 양이 있다'는 소식이 들려왔다.

함께 식사를 하던 중에 황제가 말했다.

"세 명의 사위여! 황금 양을 가져오는 사람이 황제의 자리를 차지할 것이다." 그러자 두 명의 사위가 식사를 마치자마자 길을 나섰다.

그러자 바보 아들이 말했다.

"저도 가겠어요. 그런데 내겐 말이 없으니 말을 내주세요."

황제가 말했다.

“네가 마음에 드는 걸로 직접 골라라.”

바보 아들은 마구간으로 갔다. 그가 손을 대는 말마다 몸을 움츠렸다. 마침내 말을 한 마리 골라 광장으로 끌고 나가 몸이 말의 엉덩이 쪽을 향하도록 올라탔다. 말이 움직이려 하지 않았다. 바보 아들은 말이 움직이게 하려고 애를 썼다.

그걸 보고 바보 아들 부인의 언니들이 동생을 비웃었다.

“어찌 저런 남편을 골랐냐? 정말 바보네!”

그러자 바보 아들 부인이 대답했다.

“그래서 뭐? 저렇게 가도록 놔둬.”

바보 아들은 어찌어찌 말을 움직여 계곡까지 갔다. 거기서 황궁의 말을 버리고 기사들의 휘파람 소리로 밤색 말을 불렀다.

말이 물었다.

“바보야, 어디로 갈까?”

바보 아들이 말했다.

“저 바다 건너, 저 먼 곳에 40마리의 황금 양이 있다고 들었어.”

말이 말했다.

“있지. 40마리 황금 양의 엄마가 바로 우리 엄마야. 내가 마흔한 번째 자식이지. 한낮에 엄마는 생명의 물이 담긴 호수로 물을 마시러 다녀. 물을 마실 때 접근하면 안 돼. 엄마는 조심성이 많거든. 그리고 네 냄새를 맡으면 우리 엄마를 잡을 수 없어."

말은 덧붙여 말했다.

"내 귓속에 쇠로 만든 사슬이 있어. 그 사슬을 황금 양들의 엄마 목에 걸어."

바보 아들은 말에 올라 바람처럼 내달렸다.

한참을 가서 생명의 물이 담긴 호수에 도착했다.

말이 말했다.

"길가 풀 속에 숨어 있어. 내가 양들의 엄마를 네가 있는 쪽으로 몰아올게."

바보 아들은 몸을 숨겼고, 말은 커다란 소리를 내며 길을 내달렸다.

한낮이 되었다. 40마리의 황금 양이 나타났다. 햇빛을 받아 번쩍였다. 말은 황금 양으로 변신하여 그들 사이에 숨어 있었다. 양들은 그를 알아보지 못했다. 자신들과 똑같이 생겼기 때문이었다. 다만 양들의 엄마만이 그를 알아보아 그를 물고 그의 주변에서 이리저리 뛰었다.

바보 아들이 보니 일이 잘되어 가고 있었다.

말은 슬슬 물러나면서 양들의 엄마를 바보 아들 쪽으로 유인했다. 바보 아들은 숨을 죽이고 가만히 숨어 있었다.

그런데 양들의 엄마가 그것을 알고 다가와 바보 아들을 머리로 받으려고 했다. 바보 아들은 잽싸게 양들 엄마의 목에 쇠로 만든 사슬을 걸었다. 그러자 양들의 엄마는 힘을 다해 사슬을 잡아당겼다. 바보 아들의 손힘이 빠지고 있을 때, 말이 사슬을 물어 잡아당겼다. 양들의 엄마는 잠시 멈추고 말했다.

"나의 아들아. 넌 나쁜 놈이 되었구나. 내가 미리 알았더라면, 오지 않았을 것이다."

바보 아들은 말에 올라타서 양들의 엄마를 끌고 갔다. 나머지 양들은 모두 엄마를 따라왔다.

얼마를 가자 바보 아들은 잠이 와 말 등에서 잠이 들었다. 그리고 얼마 지나자 그들을 향해 두 명의 기사가 말을 타고 왔다. 그들은 바보 아들 근처에 멈추어 서서 대화를 했다.

"우리가 찾아다니던 것을 여기서 발견했네."

"그래, 맞아."

"잠이 깨면 물어보자."

바보 아들이 잠이 깨 머리를 들자 두 기사가 물었다.

"40마리의 황금 양을 우리에게 주지 않겠나? 대가로 무엇을 원하는가? 돈을 원하면 돈을 주겠다."

바보 아들이 대답했다.

"돈은 필요 없어요. 새끼손가락을 주시오."

두 기사는 새끼손가락을 잘라 주었다. 바보 아들은 그것을 받아 주머니에 넣고 양을 넘겨주었다.

두 기사가 양을 이끌고 떠났다.

바보 아들은 도시 근처 계곡에서 말을 돌려보내고 걸어갔다. 집에 도착해 보니 두 명의 기사가 이미 와 있었다. 40마리의 황금 양이 황궁 마당에서 번쩍번쩍 빛을 내고 있었다.

바보 아들은 황궁으로 들어갔다. 황궁에서는 황제가 두 사위에게 잔치를 베풀어 주고 있었다.

시간이 좀 지나자 또다시 저 먼 곳에 40마리의 황금 소가 있다는 소식이 왔다.

황제가 말했다.

"세 명의 사위여! 그 황금 소들을 데려오는 사람이 황제가 될 것이다."

두 명의 기사는 음식을 먹고 길을 떠났다.

바보 아들이 말했다.

"저도 가겠습니다."

황제가 말했다.

"말을 골라 가라."

바보 아들은 마구간으로 갔다. 그가 손을 대는 말은 모두 몸을 움츠렸다. 마침내 말을 한 마리 골라 광장으로 끌고 나가 몸이 말의 엉덩이 쪽을 향하도록 올라탔다. 말이 움직이려 하지 않았다.

그걸 보고 언니들이 바보 아들의 부인에게 말했다.

"어찌 저런 남편을 골랐냐? 정말 바보네!"

그러자 바보 아들 부인이 대답했다.

"그래서 뭐? 저렇게 가도록 놔둬."

바보 아들은 어찌어찌 말을 움직여 도시 밖으로 나가 계곡까지 갔다. 거기서 황실의 말을 버리고 기사들의 휘파람 소리를 내자 붉은색 말이 달려왔다.

말이 물었다.

"바보야, 어디로 갈까?"

바보 아들이 말했다.

"저 먼 곳에 있는 40마리의 황금 소를 데려와야 돼."

"40마리 황금 소의 엄마가 바로 우리 엄마야. 내가 마흔한 번째 자식이지. 한낮에 엄마는 강바닥에서 생명의 물이 솟아나는 곳으로 물을 마시러 다녀. 한낮 이전에 가면 안 돼."

말은 또 말했다.

"내 귓속에 쇠로 만든 사슬이 있는지 봐!"

바보 아들이 살펴보니 쇠로 만든 사슬이 들어 있었다.

말이 말했다.

"너를 강바닥에서 생명의 물이 솟아나는 곳 근처에 내려줄게. 그리고 소들의 엄마를 네가 있는 곳으로 몰고 갈 테니 쇠로 만든 사슬을 소들의 엄마 목에 걸어. 그런데 소들의 엄마가 아주 조심성이 많다는 것을 절대 잊지 마."

바보 아들은 말을 타고 바람처럼 내달렸다.

산을 넘고 물을 건너 황금 소들이 물을 마시는 곳에 도착했다. 말이 말했다.

"풀 속에 숨어 있어. 내가 소들의 엄마를 이쪽으로 몰아올게."

바보 아들은 몸을 숨겼고, 말은 커다란 소리를 내며 길을 내달렸다.

40마리의 황금 소가 나타났다. 말은 황금 소로 변신하여 그들 사이에 숨어 있었다. 황금 소의 엄마가 알아채고 그를 물려고 했지만, 말은 한쪽으로 비켜났다. 말은 그런 식으로 해서 황금 소의 엄마를 바보 아들 쪽으로 유인했다.

바보 아들은 재빨리 쇠로 만든 사슬을 황금 소들의 엄마 목에 걸었다. 황금 소 엄마는 힘을 주어 사슬을 잡아당겼다. 간신히 버티던 바보 아들의 손에 힘이 거의 다 빠졌을 때, 말이 사슬을 물어 잡아당겼다. 그러자 황금 소들의 엄마는 잠시 멈추고 말했다.

"나의 마흔한 번째 아들아. 너는 아주 나쁜 놈이 되었구

나. 내가 미리 알았더라면, 오지 않았을 것이다. 그러나 이렇게 되었으니 너와 함께 가겠다."

바보 아들은 말에 올라타서 황금 소들의 엄마를 끌고 갔다. 나머지 황금 소들은 모두 엄마를 따라왔다.

얼마를 가자 바보 아들은 잠이 와 말 등에서 잠이 들었다. 그리고 얼마 지나자 그들을 향해 두 명의 기사가 말을 타고 왔다. 그들은 바보 아들 근처에 멈추어 섰다. 바보 아들은 잠이 깼다.

기사들이 말했다.

"40마리의 황금 소를 우리에게 주면 돈을 주지."

바보 아들이 말했다.

"돈은 필요 없어요. 새끼발가락을 잘라 주세요."

두 기사는 새끼발가락을 잘라 바보 아들에게 주었고, 바보 아들은 그것을 받아 주머니에 넣었다.

두 기사는 소들을 끌고 가 버렸다.

바보 아들도 길을 떠나 도시 가까이까지 가서 말을 돌려보냈다.

그리고 걸어서 황궁으로 갔다. 두 기사는 이미 황궁에 와 있었다. 황궁 마당에는 40마리의 황금 소가 번쩍번쩍 빛을 내고 있었다. 황제는 두 사위를 위한 잔치를 베풀고 있었다.

시간이 지났고, 이번에는 바다 건너 저 먼 곳에 40마리의 황금 말이 있다는 소식이 왔다.

황제가 말했다.

"세 명의 사위여! 황금 말을 데려오는 사람이 황제가 될 것이다."

두 사위가 다시 길을 떠났다. 바보 아들이 말했다.

"나도 갈 거예요."

그는 전과 마찬가지로 말을 타고 떠났다. 그리고 계곡에 도착해서 황궁의 말을 버리고 기사들의 휘파람으로 검은 말을 불러냈다.

말이 물었다.

"바보야, 어디로 갈까?"

바보가 말했다.

"바다 건너 저 먼 곳에 40마리의 황금 말이 있다고 해. 들어 봤니?"

말이 대답했다.

"알아. 40마리 황금 말의 엄마가 바로 우리 엄마야. 우리 엄마는 조심성이 아주 많아. 물론, 엄마는 바로 다 알아챌 거야. 그곳에 가면, 우리 몸이 성하지 않을 수도 있어. 내 귓속에 생명의 물이 담긴 병이 있지? 생명의 물이 반드시 필요해. 다른 쪽 귓속에 쇠로 만든 사슬이 있지?"

바보 아들은 말의 한쪽 귓속에 생명의 물이 든 병이 있고 다른 쪽 귓속에 쇠로 만든 사슬이 있는 것을 확인했다.

말이 말했다.

"이제 모든 게 다 잘될 거야."

바보 아들은 말에 올라타 바람처럼 내달렸다.

그들은 산 넘고 바다 건너 오랫동안 달려 목적지에 도착했다.

한낮이 되었다. 생명의 호수 가까이로 갔다. 바보 아들은 근처에 숨었고, 말은 커다란 발굽 소리를 내며 달려갔다. 40마리의 황금 말이 나타났다. 말은 그들 무리로 뛰어 들어갔다. 똑같은 모습이어서 구분이 되지 않았다. 그러나 황금 말의 엄마는 그를 알아보았고, 이리저리 뛰며 물기도 했다. 말은 황금 말의 엄마를 바보 아들 쪽으로 유인했다.

바보 아들은 재빨리 쇠로 만든 사슬을 황금 말 엄마의 목에 걸었다. 바보 아들과 말이 함께 쇠로 만든 사슬을 붙잡고 있었지만 점점 힘이 빠졌다. 결국 말의 다리 하나가 부러졌다.

말이 말했다.

"빨리 생명의 물을 내 다리에 발라."

바보 아들은 재빨리 생명의 물을 발라 주었다. 즉시 부러졌던 다리가 회복되었다.

황금 말의 엄마는 잠시 멈추고 말했다.

"마흔한 번째 아들아, 너는 나쁜 놈이 되었구나. 너는 나를 속였어. 내가 미리 알았더라면 물 마시러 오지 않았을 거야. 할 수 없으니 내가 너와 함께 가마."

바보 아들은 40마리의 황금 말을 이끌고 갔다.

얼마를 가자 바보 아들은 잠이 와 말 등에서 잠이 들었다. 그때 그들을 향해 두 명의 기사가 말을 타고 왔다. 그들이 말했다.

"우리가 찾아다니던 것이 여기 있었네. 40마리의 황금 말을 우리에게 주지 않겠나? 돈이 필요하다면 돈을 주지."

바보 아들이 말했다.

"돈은 필요 없어요. 머리 가죽을 벗겨 주세요."

두 기사는 머리에서 가죽을 벗겨 주었다. 바보 아들은 그것을 받아 주머니에 넣었다.

두 기사는 황금 말을 몰고 길을 떠났다.

바보 아들도 말을 달려 황제의 도시로 향했다. 먼저 계곡에 도착하여 말을 돌려보내고 황궁으로 걸어갔다.

두 기사는 이미 도착해 있었다. 황궁 마당에는 40마리의 황금 말이 목책 안에서 번쩍번쩍 빛을 내고 있었다.

바보 아들은 황궁으로 들어갔다. 황제가 사위를 칭찬하며 말했다.

"두 명의 사위여, 정말 장하다! 40마리의 황금 말을 데려왔구나. 그런데 저 바보는 아무것도 가져오지 못했다. 이제 너희 둘 모두를 황제의 자리에 앉혀야겠다. 백성들을 불러 잔치를 열어야겠다."

바보 아들이 말했다.

"저도 드릴 말씀이 있는데요. 말해도 될까요?"

황제가 말했다.

"할 말이 있으면 해라."

"두 사위가 어떻게 40마리의 황금 양을 데려왔을까요? 말해 보시지요!"

두 사위는 아무 말도 하지 못했다. 바보 아들은 주머니에서 그들의 새끼손가락을 꺼내 보여 주면서 물었다.

"이게 뭐지요? 이게 어떻게 내 주머니에 들어 있지요?"

바보 아들은 새끼손가락들을 용사들에게 돌려주고 말했다.

"왜 손을 싸매고 있나요? 스스로 새끼손가락을 잘라 저에게 주고 40마리의 황금 양을 저에게서 사 간 거지요."

새끼손가락을 그들의 손에 대 보니 딱 맞는 것이었다.

황제가 물었다.

"그럼 너는 어떻게 40마리의 황금 양을 얻었느냐?"

바보 아들이 대답했다.

"말씀드리지요."

두 사위는 바보 아들에게서 눈을 떼지 못했다. 그의 눈만 바라보며 얼음장처럼 굳어 있었다. 바보 아들이 말했다.

"밖으로 나가시지요. 직접 보여 드리면서 말씀드리겠습니다."

모두 밖으로 나갔다. 바보 아들은 기사들의 휘파람 소리로 밤색 말을 불렀다. 밤색 말은 천둥소리를 내며 뛰어왔다. 바보 아들은 말의 한쪽 귓속에서 세수를 하고 다른 쪽 귓속에서 옷을 입었다. 머리에는 투구를 썼다.

바보 아들은 말에 올라타면서 말했다.

"겁내지 마세요."

그러고는 말에 박차를 가했다. 말은 공중으로 높이 뛰어올랐다. 그 바람에 황궁의 유리창이 깨졌다. 바보 아들은 다시 돌아와 말에서 내려서서 말했다.

"제가 손수건을 가져갔을 때, 바로 이렇지 않았던가요?"

황제가 대답했다.

"그래 맞아. 그랬어."

바보 아들이 말했다.

"이제 제가 어떻게 40마리 황금 양을 구했는지 보여 드리지요. 이제 이 말을 풀어 놓으면 말은 황금 양의 엄마에게 갈 겁니다. 이 말이 황금 양 엄마의 마흔한 번째 자식이기 때문입니다."

바보 아들은 말을 풀어 놓았고, 말은 황금 양들에게로 가서 아주 작게 변해 황금 양 어머니의 젖을 빨았다.

바보 아들이 말했다.

"40마리의 황금 양이여! 목책 안에서 무엇을 하고 있는 것인가?"

이 말을 들은 황금 양들은 목책을 뛰어넘어 밖으로 나왔다. 그러자 바보 아들은 말에게 말했다.

"이제 너는 더 이상 필요 없으니, 가라!"

말도 목책을 뛰어넘어 양들에게로 갔다. 그러자 40마리의 양이 눈앞에서 사라졌다. 황제를 비롯한 모두가 다시 황궁으로 들어갔다.

바보 아들이 다시 기사들에게 말했다.

"40마리의 황금 소를 어떻게 얻었나요? 말해 보시지요!"

두 기사는 얼음장처럼 굳은 채 아무 말도 하지 못했다. 바보 아들은 주머니에서 새끼발가락을 꺼내 보여 주며 말했다.

"이 새끼발가락들이 어떻게 제 주머니에 있지요? 장화를 벗어 보시죠!"

두 용사는 장화를 벗었다. 바보 아들이 물었다.

"왜 발끝을 싸매고 있지요?"

바보 아들은 새끼발가락을 그들에게 돌려주었다. 새끼

발가락은 그들에게 딱 맞는 것이었다.

"새끼발가락들을 저에게 주고 40마리의 황금 소를 사 간 거지요."

황제가 물었다.

"그럼 너는 40마리의 황금 소를 어떻게 얻었는가?"

바보 아들이 대답했다.

"밖으로 나가시지요. 직접 보여 드리면서 말씀드리겠습니다."

모두 밖으로 나갔다. 바보 아들은 기사들의 휘파람 소리로 붉은 말을 불렀고, 말은 천둥소리를 내며 뛰어왔다.

바보 아들은 말의 한쪽 귓속에서 몸을 씻고 다른 쪽 귓속에서 옷을 입었다. 머리에는 투구를 썼다.

그리고 말을 타고 박차를 가하자 말이 하늘 높이 뛰어올랐고, 그 바람에 황궁의 유리창이 깨졌다. 바보 아들은 멈추어 서서 물었다.

"제가 비단 수건을 채 갔을 때도 이렇지 않았던가요? 이제 이 말을 풀어 놓으면, 이 말은 황금 소 엄마에게 가서 젖을 먹을 겁니다."

바보 아들이 말을 풀어 놓자마자 말은 몸집이 작아져서 어머니에게 뛰어가 젖을 빨기 시작했다. 바보 아들이 말했다.

"40마리의 황금 소들이여! 목책 안에서 무엇을 하고 있는가?"

이 말을 들은 황금 소들은 목책을 뛰어넘어 밖으로 나왔다. 그다음에 더 이상 그들이 보이지 않았다.

바보 아들이 말에게 말했다.

"이제 더 이상 필요 없으니, 너도 가라!"

다시 모두들 황궁으로 들어갔다. 바보 아들은 이제 주머니에서 머리 가죽을 꺼냈다.

"두 명의 기사여! 이게 어떻게 제 주머니에 있을까요? 왜 모자를 쓰고 있나요? 모자를 벗어 보세요!"

그들이 모자를 벗자 머리 가죽이 없는 것이 보였다.

바보 아들은 그들에게 머리 가죽을 돌려주었다. 머리 가죽은 그들에게 딱 맞는 것이었다.

바보 아들이 말했다.

"머리 가죽을 제게 주고 40마리의 황금 말을 사 갔지요."

황제가 물었다.

"그럼 너는 어떻게 40마리의 황금 말을 얻었느냐?"

바보 아들이 말했다.

"밖으로 나가시지요. 말씀드리겠습니다."

모두들 밖으로 나갔다. 바보 아들은 기사들의 휘파람 소리로 검은 말을 불러냈다. 말은 천둥소리 같은 커다란 발굽 소리를 내며 뛰어왔다.

바보 아들은 말의 한쪽 귓속에서 세수를 하고 다른 쪽 귓속에서 옷을 입었다. 머리에는 투구를 썼다. 바보 아들이 말에 올라타 박차를 가하자 말은 하늘 높이 뛰어올랐고, 그 바람에 황궁의 유리창이 모두 깨졌다. 바보 아들은 멈추어 서서 물었다.

"제가 황금 반지를 채 갈 때, 이 말을 타고 있지 않았던가요?"

황제가 대답했다.

"바로 그 말을 타고 있었어."

바보 아들이 말했다.

"이제 이 말을 풀어 주면, 말은 황금 말 엄마의 젖을 먹으러 갈 겁니다."

바보 아들이 말을 풀어 주자, 말은 황금 말들에게 갔고, 몸집이 작아져 엄마의 젖을 빨기 시작했다. 바보 아들이 말했다.

"40마리의 황금 말이여! 목책 안에서 무엇을 하고 있는 것인가?"

그 말을 듣자마자 40마리의 황금 말은 목책을 뛰어넘어 밖으로 나왔고, 그 즉시 모두 사라졌다.

"이제 너도 필요 없으니, 가라!"

다시 모두들 황궁으로 들어갔다. 황제가 말했다.

“바보 아들이 황제가 될 것이다. 너희 두 사위는 아무것도 한 게 없다는 것이 밝혀졌다. 바보 아들에게 이들에 대한 처분을 맡긴다.”

바보 아들은 두 사위에게 마구간 청소와 분뇨 나르는 일을 시켰고, 자신은 황제가 되었다.

한 꼬마 이야기

황궁이 있는 도시에 콜렌카라는 이름의 남자아이가 살았다. 누더기를 걸치고 굶기를 밥 먹듯 하며 목욕탕 비슷한 집에서 혼자 살아가고 있었다.

언젠가 그는 자신이 너무 가난하니 황제에게 찾아가 가난을 심판해 달라고 해야겠다고 생각했다.

그래서 황제에게 갔다. 황제가 물었다.

"콜렌카, 무슨 일로 왔느냐?"

콜렌카가 말했다.

"저는 너무 가난합니다. 먹을 것도 없고 옷도 없습니다. 황제여, 제가 왜 이렇게 가난한지 가난을 심판해 주세요."

황제는 머리를 숙이고 한참을 생각한 뒤 말했다.

"나는 가난을 심판할 수 없다. 그러니, 콜렌카, 부잣집에 가서 일하도록 해라. 그러면 먹여 주고 입혀 줄 테니."

그때 벽 너머에서 공주가 말했다.

"아버지, 저 가난한 사람을 결혼시키세요. 부인과 둘이서 일을 하게요. 둘이 함께 일하면 훨씬 좋을 거예요. 혼자서만 일해서 얼마나 벌겠어요?"

황제는 벌떡 일어나서 벽 뒤의 공주를 끌어내 콜렌카 쪽으로 밀면서 말했다.

"네가 그렇게 잘난 척을 하고 싶으면 콜렌카와 함께 가서 부자가 되어 봐라."

그렇게 해서 공주는 원하든 원치 않든 콜렌카와 함께 떠나게 되었다.

그들은 목욕탕같이 생긴 집에서 함께 살며 함께 일했다. 공주는 매일 바느질을 해서 먹을 것을 마련했다. 점점 조금씩 더 잘살게 되었고, 집 안에는 살림이 조금씩 늘어 갔다.

언젠가 공주가 수건을 만들어 남편에게 주며 말했다.

"이걸 내다 팔아요. 값은 백 루블이에요."

콜렌카는 수건을 가지고 나갔다. 도시 이곳저곳을 돌아다녔지만 팔지 못했다. 사람들은 돈이 없다고 하거나 수건이 필요 없다고 했다.

그러던 중 콜렌카는 거리에서 러시아 노인을 만났다. 러시아 노인이 물었다.

"콜렌카, 어디 가니?"

콜렌카가 말했다.

"수건을 팔러 가요. 팔리지가 않네요."

러시아인 노인이 물었다.

"값이 얼마야? 내가 살게!"

콜렌카가 말했다.

"값은 백 루블입니다."

러시아 노인이 백 루블을 꺼내 보여 주며 말했다.

"이 돈을 받을 텐가 아니면 한마디 말을 들어 볼 텐가?"

콜렌카가 잠시 생각하고 말했다.

"말을 들어 볼래요! 그런데 무슨 말이지요?"

러시아 노인이 말했다.

"바로 이런 말이야. '환도를 꺼내 들어 아래로 내려치고 싶겠지만, 그렇게 해서는 안 된다.'"

노인은 돈을 도로 주머니에 넣고 수건을 받아 가 버렸다. 콜렌카도 집으로 갔다. 집에 도착하니 부인이 물었다.

"수건을 팔았나요?"

콜렌카가 말했다.

"내가 바보지. 러시아 노인이 수건 값으로 한마디 말을 들어 보겠냐고 해서 그렇게 했지."

부인이 말했다.

"그 말이 언제인가 쓸모가 있을 거예요."

그들은 그렇게 1년을 살았다. 1년 후 공주가 다시 수건을 만들어 주면서 말했다.

"이 수건의 값은 이백 루블이에요."

콜렌카는 수건을 들고 도시로 갔다. 하루 종일 이리저리 다녔지만 수건을 팔지 못했다. 사람들은 돈이 없다거나 너무 비싸다고 했다.

되돌아오는 길에 콜렌카는 러시아 노인을 만났다. 노인이 물었다.

"어디로 가는가?"

콜렌카가 말했다.

"수건을 팔러 다녀요."

러시아 노인이 물었다.

"값이 얼마인가?"

콜렌카가 대답했다.

"이백 루블이오."

노인은 주머니에서 200루블을 꺼내 보여 주며 말했다.

"200루블을 받을 텐가 아니면 한마디 말을 들어 볼 텐가?"

콜렌카는 잠시 생각해 보고 말했다.

"말을 들어 볼래요!"

노인이 말했다.

"바로 이런 말이야. '설득이 은보다 값지다.'"

노인은 돈을 도로 주머니에 넣고 수건을 받아 가 버렸다. 노인이 간 후 콜렌카도 집으로 돌아왔다.

집에 오니 부인이 콜렌카에게 물었다.

"수건을 팔았나요?"

콜렌카가 말했다.

"팔았어. 그런데 내가 바보지. 말 한마디에 팔아 버렸어."

부인이 말했다.

"말도 괜찮아요. 언젠가 쓸모가 있을 겁니다."

그렇게 또 1년이 지났다. 공주는 또다시 수건을 만들어 주면서 말했다.

"이 수건은 값이 삼백 루블이에요. 도시로 가져가 팔아요."

콜렌카는 수건을 들고 도시로 갔다. 도시의 이곳저곳 돌아다니며 수건을 팔려 했지만 팔리지 않았다. 사람들은 돈이 없다거나 수건이 필요 없다고 말했다.

콜렌카는 돌아오는 길에 러시아 노인을 만났다. 러시아 노인이 물었다.

"콜렌카, 어디 가는 길인가?"

콜렌카가 대답했다.

"수건을 팔러 다닙니다."

러시아 노인이 물었다.

"가격이 얼마인가?"

콜렌카가 말했다.

"삼백 루블이오."

노인은 주머니에서 삼백 루블을 꺼내 보여 주며 말했다.

"돈을 받을 텐가 아니면 한마디 말을 들어 볼 텐가?"

콜렌카는 잠시 생각하고 대답했다.

"말을 들어 보지요!"

노인이 말했다.

"내 말은 바로 이런 거야. '해안의 구릉 아래 배들이 서 있고, 배 하나에는 요리사가 없다.'"

노인은 300루블을 도로 주머니에 넣고 수건을 받아 가 버렸다. 콜렌카는 잠시 서 있었다. 공주가 욕할 것 같아 집에 가고 싶지 않았다. 그래서 눈길이 닿는 대로 걸어갔다. 콜렌카는 오랫동안 그렇게 걸어서 도시의 경계 지역까지 갔다. 도시는 바닷가 구릉 위에 있었다. 구릉 아래 바다에는 배가 세 척 서 있었다. 가운데 서 있던 배에서 러시아인 한 사람이 소리쳤다.

"콜렌카, 이리 와. 우린 요리사가 필요해."

콜렌카는 그 배에 타서 요리사가 되었다. 세 척의 배는 곧 돛을 올리고 출항하여 1주일을 항해했다. 그런데 배들이 바다 한가운데 도착했을 때 갑자기 멈춰 서서 앞으로도 뒤로도 움직이지 않았다. 배는 1주일을 그런 상태로 서 있었다. 모두들 중간 배로 모였다.

선원들이 말했다.

"왜 이렇게 서 있는 거지? 이 장소는 여러 번 지나다닌 곳

인데. 제비뽑기를 하자. 그래서 세 번 걸리는 사람을 바다로 던지자."

제비뽑기를 했다. 세 번 다 콜렌카가 걸렸다. 선원들이 콜렌카를 잡아 바다로 던졌다.

콜렌카는 바닷물에 떠내려갔다. 그러다가 어느 지점에 선가 발이 계단에 걸려 넘어졌다. 집이 있었다. 집 안에는 러시아 남자들이 싸우고 있었다.

한 사람이 말했다.

"설득이 더 귀중하지."

다른 사람이 말했다.

"은이 더 귀중하지."

콜렌카는 그 집으로 들어갔다. 러시아 남자들이 물었다.

"너는 누구야? 설득과 은 가운데 무엇이 더 귀중한지 말해 봐?"

콜렌카가 말했다.

"이런 멍청한 양반들. 어떻게 설득이 은보다 덜 귀중할 수 있겠어요?"

러시아인 남자들이 말했다.

"우린 평생 싸우고 있어. 한 사람은 설득이 더 귀중하다고 하고, 다른 사람은 은이 더 귀중하다고 말이야. 실상, 설득이 더 귀중하지. 이렇게 해결해 준 너에게 선물을 주지."

러시아인 남자들은 콜렌카에게 스스로 발사되는 돌을 주면서 말했다.

"구리로 만든 작은 통에 스스로 발사되는 돌을 가득 채워서 중간 배 아래쪽에 묶어 둘 테니까 필요할 때 네가 찾아서 사용해. 이제 너를 중간 배의 갑판으로 데려다줄게."

러시아 남자들은 콜렌카를 데리고 나가 중간 배 갑판에 내려 주었다. 세 척의 배는 다시 닻을 올리고 항해를 계속했다. 1주일 동안 항해를 하다가 왕궁이 있는 도시 근처에서 멈추어 섰다. 주인들이 배에서 내렸다. 콜렌카도 배에서 내렸다. 주인들은 도시로 향했고, 콜렌카도 그 뒤를 따라갔다. 동료들이 그에게 말했다.

"너는 온통 재투성이에 옷도 낡았어. 만일 왕이 요리사를 데려오라고 하면 어떻게 해. 모두들 비웃고 놀려 댈 거야."

그래도 콜렌카는 계속 그들을 따라갔다. 왕궁에 도착했다. 동료들은 왕궁으로 들어갔다. 콜렌카도 따라 들어가 난로 뒤에 숨어 앉아 있었다. 동료들은 식탁에 앉아 음식을 먹었다. 왕이 일어나서 주머니에 손을 넣은 채 이리저리 걸어 다니기 시작했다. 그러다가 왕이 난로 근처까지 왔다. 이때 콜렌카는 스스로 발사되는 돌을 왕의 주머니에 넣어 주었다. 왕은 제자리로 돌아가면서 주머니 속의 저절로 발사되는 돌을 확인하고 눈이 튀어나올 정도로 놀라서 말했다.

"나의 손님이 여기 있었군!"

그는 콜렌카의 손을 잡아 외떨어진 방으로 데려가 음식을 대접했다.

배 세 척의 선원들은 이렇게 말했다.

"왕이여, 우리의 손님, 우리의 요리사를 데려갔습니다. 그에게는 많은 재물이 있을 테지요. 우리 배 세 척의 재물을 모두 계산하고 기록해야 합니다. 그리고 그의 재물도 모두 계산하고 기록해야 합니다. 만일 그의 재물이 더 많으면 우리가 그의 노예가 되겠습니다. 그런데 만일 우리 재물이 더 많으면, 우리가 그의 목을 베겠습니다."

그들은 즉시 배로 돌아갔다. 그리고 배의 모든 재물을 계산하여 기록했다. 그리고 말했다.

"이제 콜렌카의 재물을 계산해서 기록해야 합니다."

콜렌카는 그들에게 저절로 발사되는 돌 두 개를 주었다. 그들은 그것을 계산하고 기록했다. 조금 부족했다. 그러자 콜렌카는 물로 뛰어들어 구리 통을 끌고 나왔다. 선원들이 저절로 발사되는 돌들을 계산하기 시작했다. 그들이 아무리 세어도 다 셀 수가 없었다. 다 기록하기에는 종이도 부족했다. 그래서 배 세 척의 모든 사람들이 콜렌카의 노예가 되었다.

콜렌카는 왕궁에서 30년 동안 장사를 했다. 그 기간 동안

30척의 배에 화물을 가득 채웠다. 30년이 지나자 콜렌카가 왕에게 말했다.

"저에게는 저의 도시가 있습니다. 이제 그곳으로 가겠습니다."

왕이 말했다.

"콜렌카, 장사하러 오시오."

콜렌카는 자신의 배로 돌아갔다. 30척의 배가 출항했다.

출항한 지 2주가 지나자 황궁이 있는 도시가 보였다. 이미 해가 지고 있었다. 배들을 정박하는 동안 사방이 완전히 어두워졌다. 콜렌카는 배에서 내려 육지로 걸어갔다. 노예들이 그의 앞길에 융단을 깔았고, 뒤에서는 다른 노예들이 융단을 걷으며 따라왔다. 황궁 가까이 가니 불빛이 보였다.

다른 곳에는 불빛이 보이지 않았다. 콜렌카는 계속 갔다. 황궁 근처에 가니 새 집이 보였다. 콜렌카는 그 집으로 갔다. 불빛이 보였다. 그 집 문으로 갔다. 집 대문 앞에는 두 명의 병사가 서 있었다. 그들이 말했다.

"멈추시오. 여기는 공주가 머무는 곳이오."

콜렌카는 두 개의 주머니에서 200루블을 꺼내 주면서 말했다.

"자, 담뱃값이나 하시오!"

콜렌카는 열두 개의 문을 지났다. 각 문마다 병사들이 지키고 있었다. 매번 그들은 공주가 있는 곳이니 들어갈 수 없다고 말했다.

콜렌카는 마지막 방에 도착했다. 공주는 잠을 자고 있었다. 공주의 양쪽에는 러시아 남자 두 명이 자고 있었다. 곁에는 환도가 있었다. 콜렌카는 그 환도를 집어 들었다. 칼집에서 칼을 뽑아 위로 들어 올렸다가 아래로 내렸다. 부인의 목을 베고 싶었다. 그러나 잠시 생각한 뒤 중얼거렸다.

“러시아 노인이 말했지. 환도를 꺼내 들어 아래로 내려치고 싶겠지만, 그렇게 해서는 안 된다고.”

콜렌카는 칼을 칼집에 집어넣어 옆에 두고 잠을 잤다.

아침 일찍 공주가 일어나 말했다.

“아들들아 일어나라! 너희 아버지께서 오셨다. 30년간 어디에 있었던 것인가? 아마 30년간 많은 고생을 했을 거야.”

아이들이 벌떡 일어나 아버지에게 입을 맞추었다. 콜렌카는 일어나 앉아 음식을 먹고 황제를 만났다. 매일 30척의 배에서 화물을 내렸다.

함께 식사를 하던 중에 공주가 아버지에게 말했다.

“전에 아버지가 저를 쫓아내며 말했지요. 그렇게 잘난 척을 하고 싶으면 콜렌카와 함께 가서 부자가 되어 보라고.”

공주는 계속해 이렇게 말했다.

"가난한 사람을 결혼시켜 부부가 함께 일하게 할 필요가 있어요. 함께 일하면 빨리 부자가 될 수 있을 거예요."

황제가 말했다.

"정말 그렇구나. 내가 잘 몰랐다. 콜렌카, 내 대신 이 자리에 앉게!"

그렇게 해서 콜렌카는 황제가 되어 행복하게 살았다.

힘센 독수리가 네네츠인들에게 해를 돌려준 이야기

아주 옛날 일이다. 아주 오래전 네네츠족이 살던 땅에는 해가 지지 않았다. 그래서 호수와 강의 물은 마치 솥 속의 물처럼 끓어올랐고, 물고기들도 모두 죽어 갔다. 그러나 바닷가와 숲 사이에서는 순록 떼를 유목할 수 있었다. 하늘색과 흰색의 북극여우도 덫으로 잡을 수 있었고, 매년 봄 거위, 오리, 백조가 구름처럼 날아들었다. 네네츠족은 툰드라에서 행복하게 지냈다.

그런데 숲 너머에 검은 솔개가 살고 있었다. 솔개는 머리가 두 개였고, 날카로운 부리가 두 개, 질투심 가득한 눈이 네 개였다. 그 솔개는 아무리 사냥을 많이 해도 여전히 욕심을 부렸다. 포악한 매들이 그 솔개를 받들고 있었다.

언젠가 매 한 마리가 멀리 툰드라까지 날아와서 네네츠족이 잘 살고 있는 것을 보았다. 그 매는 돌아가서 제 주인인 솔개에게 본 것을 말했다.

그러자 검은 솔개는 질투심에 더욱 검게 변했다. 그는 음모를 꾸며 네네츠인들에게서 해를 빼앗기로 했다. 그는 부하들에게 커다란 그물을 짜라고 명령했다. 그리고 자신은 땅에 부딪쳐 뚱뚱한 상인으로 변신했다. 그는 많은 술을 가지고 네네츠인 마을로 찾아갔다.

네네츠인들은 손님을 환대했다. 모피를 깔아 그 위에 앉게 하고 순록 고기와 물고기를 대접했다. 뚱뚱한 상인은 그들에게 술을 주었다. 술을 마신 네네츠인들은 머리가 빙빙 돌았다. 술에 취한 네네츠인들은 노래하고 춤을 추다가 쓰러져 잠이 들었다.

뚱뚱한 상인은 그때를 기다렸다.

휘파람을 불어 부하들을 불러들였다. 천 마리의 매가 날아왔다. 그들은 해에 그물을 씌워 끌고 가 버렸다. 상인이 또 휘파람을 불자 매 천 마리가 날아왔다. 그들은 순록을 끌고 갔고, 하늘색과 흰색의 북극여우들을 모조리 죽였다. 네네츠인들의 다른 재산도 모두 가져갔다.

그러나 네네츠인들은 깊이 잠들어 아무것도 알아채지 못했다. 네네츠인들이 잠을 깼을 때는 아무것도 알아볼 수 없었다. 툰드라 사방이 암흑에 싸여 있었다. 차가운 북풍이 불고, 눈보라가 몰아쳤다. 강과 호수는 모두 두꺼운 얼음으로 뒤덮였다.

그 후 네네츠인 마을에는 불행만 가득했다. 아이들이 허약해지고, 노인들은 모닥불의 연기에 눈이 멀었다. 해가 없었기 때문에 낮이고 밤이고 천막집 안에 모닥불을 피워야 했다. 예전에 네네츠인들은 노래하기를 좋아했는데, 해가 없어진 뒤로는 노래도 하지 않았다. 툰드라에는 휘휘 불어대는 눈보라 소리와 늑대 소리만 가득했다.

한편, 검은 쌍두 솔개는 황금 집에서 살고 있었다. 네네츠인들에게서 빼앗아 온 해는 황금으로 만든 사슬로 묶어 두었다.

그렇게 몇 해가 지나갔다. 쌍두 솔개가 살고 있던 그곳에 힘센 독수리가 살고 있었고 그 새끼들이 자라고 있었다. 그들은 해가 모든 곳을 비추고 모든 것을 따뜻하게 해 주기를 바랐다.

그러나 검은 솔개는 해를 돌려주지 않았다.

독수리와 새끼 독수리들은 검은 솔개와 그 부하인 매들과 싸우기 시작했다. 검은 매가 두 개의 강철 같은 부리로 독수리를 쪼아 댔고, 강철 같은 발톱으로 독수리를 공격했다. 수많은 매들이 하늘을 뒤덮고 날아다니며 솔개를 도와주었다.

그러나 독수리는 힘이 세서 단 한 번의 공격으로 적들에게 치명상을 입혔고, 새끼 독수리들도 매들을 처치했다. 이런 싸움으로 쌍두 솔개의 깃털이 모두 빠져 버렸다.

싸움은 오래 지속되었다. 마침내 독수리가 구름보다 더 높이 날아올랐다가 번개같이 내려오며 검은 솔개를 덮쳤다. 솔개는 돌이 떨어지듯 추락하여 툰드라 호수로 처박혔다.

그러자 차가운 물결이 바닥을 드러냈다가 다시 검은 솔개를 덮쳤다. 매들은 그 모습을 보고 서둘러 사방으로 달아났다. 그러나 새끼 독수리들은 매들을 쫓아가 마지막 한 마리까지 쪼아 버렸다.

독수리는 황금 사슬을 부수어 해를 풀어 주었다. 해는 다시 하늘 가운데로 돌아가 모든 곳을 비추어 주고 모든 것을 따뜻하게 해 주었다.

햇볕이 툰드라까지 도달했다. 이제 네네츠인들은 툰드라에서 다시 잘 살게 되었다. 그들은 순록을 많이 번식시켰고, 북극여우와 검은 늑대를 사냥했다. 강과 호수에는 배를 띄워 물고기를 잡았다. 네네츠 마을에는 다시 행복이 찾아왔다. 네네츠인들은 전보다 더 흥겹게 노래하게 되었다.

야브 말[5]의 모험

노부부가 살았다. 그들은 항상 똑같은 크고 따뜻한 모피 코트를 입고 앉아 있었다. 그들은 네네츠의 옛이야기가 이들을 다룰 때까지 그 어디에도 가지 않고 먹지도 않고 앉아 있었다.

어느 날 노인은 노파에게 고개를 돌려 말했다.

"할멈, 우리는 사람들을 위해서 뭔가를 해야지. 당신이 나보다 젊으니 음식을 준비해."

할머니는 화가 나서 노인을 보면서 말했다.

"당신이 나보다 더 어려, 어딜 봐서 내가 더 젊다는 거야? 우리가 함께 살기 시작했을 때 난 당신의 허리띠를 매 줬어."

노인이 대답했다.

"내가 당신의 모자 끈을 묶어 줬어. 어떻게 내가 당신보다 어릴 수가 있지?"

---

5) 네네츠 최고의 신으로 네네츠인 사이에서 가장 존경받는 신 중 하나다. 우주의 창조주 눔(Нум)의 큰아들이며 하늘의 신이라고 하는데 여기서는 티르니 베사코(Тирний Вэсако, 우주의 신)의 아들로 나온다.

그들은 말다툼을 했다. 할아버지는 자신이 더 나이가 많다고 말했고 할머니는 자신이 더 나이가 많다고 했다. 결국 그들은 치고받았다. 치고받고 했다니까.

"할멈, 우리는 여기 같이 있을 수 없어. 마루의 판자들과 여성용 신발을 실은 썰매를 저쪽으로 몰고 가, 난 천막집 장대를 실은 썰매를 저쪽으로 가지고 갈 테니."

할아버지가 밖으로 뛰어나가 천막집에 쓸 장대를 실은 썰매를 저쪽으로 가지고 가서 그 밑에서 자신의 도끼를 잡았다. 할머니도 밖으로 나와서 말했다.

"할아범은 갔군. 나도 가야 할 것 같군."

마루 판자를 실은 썰매에 이르렀다.

"내 손에 아무것도 없군. 할아범은 도끼를 가진 것 같은데, 나도 자작나무 껍질로 만든 통을 들고 가야겠어."

할아버지 이야기로 돌아가 보자. 7일 동안 걸어서 7일째 되는 날 할아버지는 말했다.

"천막집과 닮은 나의 전나무가 보였어. 내 평생 지나가면서 천막집을 닮은 전나무에 다가가지 않았지. 전나무에 다가갔으면 좋았을 것을."

그는 자신의 거대한 전나무 뿌리로 다가갔다. 그 전나무 꼭대기의 나뭇가지들은 위로 향해 있었다.

"만약 이 거대한 전나무로 사람들에게 이로운 뭔가를 만들려고 한다면 이루어지겠군."

그는 거대한 전나무의 뿌리를 배처럼 양쪽에서 파냈다. 전나무는 쓰러졌다. 그는 전나무의 꼭대기를 배의 앞부분으로 만들었다.

목조 고기잡이배가 만들어졌다. 그가 말했다.

"아마도 가벼워서 내리는 것도 어렵지 않을 거야."

그는 배를 저쪽으로 움직여서 내리려고 했다.

"이전에는 매우 가벼웠는데 지금은 왜 갑자기 무거워진 거지?"

노인이 뒤를 보았다.

"내 배의 코에 누군가의 손이 걸렸군. 거대한 전나무 뿌리로 만든 손을 따라 몸이 올라가는군. 그다음에 몸통 전체가 일어나고 있어."

"티르니 베사코(우주 노인)여, 왜 못되게 행동하시오? 주위의 많은 나무 가운데 당신은 왜 나의 천막집 꼭대기의 표지로 삼았던 나의 나무를 베는 것이오? 똑바로 처신하시오."

티르니 베사코는 말했다.

"얀데헤 베사코(지하세계 노인)여, 이것이 당신의 소유인가요?"

그들은 배의 모서리를 잡고서 서로서로 다가가서 싸웠다. 마침내 티르니 베사코가 굴렀고 얀데헤 베사코가 승리

했다. 그는 티르니 베사코를 밑에 깔고 뭉갰다.

"얀데헤 베사코여, 당신은 나를 정말 죽일 생각입니까?"

"그렇소, 그럴 생각이오."

"얀데헤 베사코여, 나의 고기는 맛이 없소. 당신은 나를 어떻게 할 거요?"

"난 당신을 먹을 거요."

"난 맛이 없다니까요. 나의 아들을 보내겠소. 나의 아들을 보낼 테니 그를 드시오."

"싫소. 티르니 베사코여, 당신은 나를 속이고 있소. 그가 여기에 어떻게 나타난단 말이오?"

"그가 여기에 나타나도록 나의 칼을 남겨 놓겠소. 그는 그것을 쫓아올 것이오. 그러면 당신은 그를 잡으시오."

"정말이오? 만약 그를 정말 보낸다면 그렇게 할 것이오."

티르니 베사코는 집으로 갔다.

할머니 이야기로 가 보자. 할멈은 걸어가서 얼지 않은 강으로 다가가고 있었다.

"강이다. 바닥이 다 보일 정도군. 얼마나 아름다운 물인지 몰라. 물을 마셔야지. 통을 가지고 왔지."

할멈은 물을 나무통으로 퍼서 마셨다. 마시고 나서 말했다.

"이상하다. 무슨 일이지? 며칠을 걸었는데 아픈 곳이 아무 곳도 없네. 나의 머리카락 색은 결혼할 때 그대로이고 아픈 곳도 아무 데도 없어. 나의 나무통이 작아서 안타깝군. 영감에게 줄 물을 가지고 가야지."

할멈은 나무통 가득 물을 채우고 집으로 갔다.

이야기를 노인에게로 옮겨 보자. 노인은 집으로 돌아가고 있었다. 할멈도 가고 있었다. 노인은 자신의 천막집을 보고 말했다.

"이상하군. 나의 천막집에 불을 땠는데. 아, 그래."

노인은 자신의 도끼를 천막집 장대를 실은 썰매 밑에 두고 천막집으로 들어갔다. 할멈은 이미 불을 피워 놓았다. 노인은 침대 위에 앉았다.

"나의 아내는 이미 늙었는데 무슨 일이 있었던 거지?"

노인은 말없이 그녀를 보았다.

"영감, 당신이 나를 보고 있는 거예요? 뭘 봤어요?"

"그래, 당신을 보고 있어. 당신은 아주 젊어졌어. 무슨 일이야? 결혼할 때처럼 보여."

"마실래요?"

"물론 물을 마시고 싶어. 계속 못 마셨어."

노인은 통에 꽉 찬 물을 마셨다.

"영감, 무슨 일이 일어난 거야? 좋아졌어."

"내 모든 병이 사라졌어."

"영감, 당신 우리 결혼식한 날처럼 보여."

할머니가 덧붙였다.

"난 뭔가를 찾았는데 당신은 뭘 찾았어?"

노인이 대답했다.

"만약 언젠가 땅의 주민들이 나타나면 난 필요한 물건을 만들어 주고 배를 만들어 줄 거야."

할머니는 고기를 끓여서 솥에서 꺼냈다. 그들은 먹으려고 앉았다. 노인은 칼을 잡으려고 손을 뻗고서 말했다.

"이런, 내 칼을 두고 왔어."

"자기 칼을 어디 두고 왔단 말이에요?"

"배를 만들었다고 했잖아. 칼을 배에 두고 왔어."

할머니가 말했다.

"내 칼로 드세요."

노인은 몸을 돌린 후 말했다.

"아냐, 난 여자 칼로 먹지 않아. 내 칼을 가지고 오라고 아들을 보낼 거야."

[우선 그들에게는 아들이 없었지. 그런데 어머니의 해진 모피 코트 밑에서 저기 앉아서 이야기를 듣고 있는 젊은 인간들과 같은 연령(그와 나란히 앉아 있는 젊은 사람들은 25~30세가량이다)의 젊은 인간이 나온 거야.][6]

아이는 어디로 왜 가야 하는지를 묻지 않고 일어나서 즉시 나갔다.

이야기는 아이를 따라가게 되었다. 아이는 아버지처럼 7일 동안 걸었다. 7일째 되는 날 말했다.

"나의 아버지가 만든 배가 저기 있군."

그는 배로 다가갔다. 두 쪽으로 배를 나누고 두 손으로 배를 움직이기 시작하며 말했다.

"배가 매우 무겁네."

그는 왜 배가 무거운지를 살펴보았다.

"나의 배 모서리를 무엇이 쥐고 있는 거지?"

땅 밑에서 손이 나타났다.

"그래, 티르니 베사코가 약속을 지켰군."

그는 아이의 손을 잡고 말했다.

"애야, 아버지가 너를 먹으라고 줬어."

그는 젊은이를 잡았다. 그는 거대한 전나무의 이전 뿌리로 젊은이를 잡고 아래로 내려갔다. 그들은 지하 땅으로 얼마 동안을 내달렸다. 낮이었고 땅 표면이 있었다. 그는 아이

---

6) 구연하는 설화를 채록한 책에 실린 이야기다. 대괄호 안의 말은 화자의 부연 설명이고, 소괄호 안의 말은 채록자의 것이다. 화자는 뒷부분에서 별다른 표시 없이 '나'로 등장해 자신이 거기에 있었던 것처럼 이야기를 진행한다.

를 왼손 손목 위로 던지고서 주변의 모든 것이 반짝일 정도로 달렸다. 이쪽은 겨울이었다. 어떤 이들이 외쳤다. "야브 말, 너 어디 있어? 나의 불쌍한 순록들이 추위로 죽을 거야." 다른 쪽은 여름이었다. 사람들은 폭염으로 흩어져 달리는 순록을 모을 수 없었다. 모두 반복했다. "야브 말, 너 어디 있어? 우리는 불쌍한 순록들을 잃어버릴 수 있어."

그들은 7일 동안 달렸다. 7일이 끝날 때 앞에 거대한 모닥불이 나타났다. 이 모닥불 위에서 거대한 청동 솥이 씩씩 소리를 내면서 끓었다. 그들은 솥 근처에서 멈췄다. 그래, 솥이 저절로 땅 위로 내려왔고 고기가 저절로 나왔지. 그들은 먹기 시작했다. 노인이 말했다.

"여기는 내가 먼 땅을 여행할 때 묵는 곳이다."

할아버지는 잠잘 준비를 했고 젊은이에게 말했다.

"옆에 누워."

온기를 채우기 위해 구름의 모서리를 잡아당겼다. 그렇게 해서 여행자는 자신의 옷 가장자리를 허리띠에 밀어 넣었다. 나는 나도 모르게 잠이 들었다.

일어날 시간이 된 아침에 청동 솥은 다시 끓기 시작했다. 그들은 먹었다. 노인은 젊은이를 오른손 손목 위에 던졌다. 밤새 어제의 사람들은 순록 머리로 언덕을 만들 정도로 희생 제물을 바쳤다. 주위에서 "야브 말, 자비를 베푸소서. 야브 말, 자비를 베푸소서"라고 하는 소리가 들렸다.

7일째 되는 날 그들은 이전의 거대한 전나무 뿌리를 따라 위의 땅으로 올라왔다.

"나는 너를 먹어야 하지만 살고 싶니?"

"물론이죠, 전 살고 싶어요."

"난 바람 왕의 딸을 아내로 삼는 것이 평생의 꿈이었다. 만약 네가 데리고 오지 못한다면 너를 먹을 것이다."

"어디로 가야 해요?"

"만약 어디로 가는지 알면 오래전에 내가 갔을 것이다. 이제 나를 봐, 난 이미 늙었어."

이 말을 하고 나서 얀데헤 베사코는 이전의 전나무 뿌리 속으로 숨었다.

티르니 베사코의 아들은 무엇을 해야 할지 열심히 생각했다. 그는 눈길 닿는 곳으로 갔다. 7일 동안 걸었다. 7일째 되는 날에 혼잣말을 했다.

"이건 뭐지? 아버지의 칼을 가지러 7일 동안 걸어갔을 때도 지금처럼 피곤하고 여위지 않았던 것 같은데."

그는 화살이 표적까지 가는 동안 쉬었다.

"난 아무리 해도 도달하지 못하고 마르기만 할 것 같아."

괴로워하면서 그렇게 걸어갔다. 가벼운 눈보라가 일었고 앞의 버드나무 숲 주변에 바람이 부는 쪽에서 눈가루를 맞고 있는 붉은 여우가 누워 있었다.

"나는 지쳤어. 만약 이 여우를 잡을 수 있다면 난 여우의 피로 좀 더 힘을 낼 수 있을 거야."

부드러운 눈을 따라 여우에게 도달했다. 그는 여우를 따라잡아서 자기 밑에 깔고 눌렀다. 그가 여우를 먹으려고 하자 여우가 말했다.

"티르니 베사코의 아들아, 너 정말 나를 먹을 거야?"

"그래, 난 정말 너를 먹을 거야, 너무 배가 고파."

"나를 먹고 싶어?"

"그래."

"나를 먹는다고 배가 찰까? 내일 너는 다시 먹을 게 아무것도 없잖아. 지금 어디로 가는 거야?"

"난 바람 왕의 땅으로 가고 있어."

"바람 왕의 땅이 어디에 있는지 알아?"

"그리로 가는데 길을 알 듯 말 듯해."

"바람 왕의 땅까지 가는 게 쉽다고 생각하는 거야?"

"계속 가고 있어."

"바람 왕의 땅에서 도우미가 필요하지 않겠어?"

"좋아. 도우미가 필요해. 너를 먹어도 난 배가 고프기는 마찬가질 거야."

그들은 함께 걸었다. 1주일 동안 걸었다. 티르니 베사코의 아들은 힘이 하나도 없었다. 여우는 앞에 천막집을 닮은 커다란 삼목이 있는 것을 보았다. 얼마 후 여우는 말했다.

"티르니 베사코의 아들아, 뭐가 보이니?"

"아무것도 안 보여."

"바로 저기 천막집을 닮은 거대한 삼목이 있어. 보이지? 천막집을 닮은 삼목 밑에 다리 여섯의 거대한 엘크가 있어. 지금 그에게로 가자, 엘크는 놀랄 거야. 엘크가 겁을 내면 넌 천막집을 닮은 거대한 삼목의 나뭇가지 사이에 앉아. 내가 며칠 동안 이 엘크를 가지 많은 삼목 쪽으로 몰게. 그때 넌 엘크에 타려고 해."

그들이 엘크에게 다가갈 때 엘크는 흙더미가 날아갈 정도로 날뛰었다. 그때 여우가 엘크에게 덤벼들었다. 티르니 베사코의 아들은 삼목 가지 사이로 올라갔다.

그가 얼마를 기다렸는지 모르지만 엘크가 나타났고 여우가 엘크의 다리를 물었다. 엘크는 나무 쪽으로 달려갔다. 티르니 베사코의 아들이 펄쩍 뛰어 엘크에 올라타고 집게손가락으로 입 가장자리 양쪽을 잡자 주위가 계속 번쩍거리기만 했다. 어디로 달렸는지 알 수 없었다. 여우도 엘크 등 위에 있었다.

7일 동안 내달렸다. 7일째 되는 날 여우는 동료를 깨물었다.

"티르니 베사코의 아들아, 앞을 보고 있니?"

"보고 있어."

"뭐가 보이니?"

"아무것도 안 보여."

"선홍빛 먹구름이 앞에 보이니?"

"보여."

"무엇이라고 생각해?"

"모르겠어. 구름 같아."

"그건 구름이 아니야. 천둥청년이라는 도시야. 그 도시는 이미 우리를 보았어. 그 도시가 우리 쪽으로 걸어오고 있어. 그에게는 부르니(갈색 곰)라는 개가 있어. 그 도시는 말할 거야. '우리 개들을 싸우게 해.' 우리는 싸울 거야. 좋아, 싸우자. 그다음에 그는 말할 거야. '우리의 말들을 싸우게 해.'"

동료들은 서로서로에게 다가갔다.

천둥청년은 말했다.

"나에게 개가 있어. 너에게도 개가 있으니 개들끼리 싸우라고 해."

티르니 베사코의 아들이 말했다.

"너의 개가 크지만 싸우게 하겠어."

오, 그래. 여우는 엘크 등에서 땅 위로 뛰어내렸다. 개들은 땅 위에서 그렇게 붙었다. 여우는 앞발로 서서 뛰었다. 여우가 뛰어서 곰의 목을 잡고 죽였다.

"이상해. 너의 개는 작은데 내 개를 죽였어. 우리의 말들을 싸우게 해."

"모르겠지만 싸우게 하지."

티르니 베사코의 아들이 엘크의 입 가장자리를 잡자 거대한 말은 천둥같이 울면서 뛰었다. 엘크는 말을 몇 번 때리더니 아무 일도 없었다는 듯 앞으로 달려가 버렸다.

천둥청년이 말했다.

"내가 말을 부르니 너의 말이 도망가는군."

"그래, 도망갔어."

천둥청년이 말했다.

"이제 나의 집으로 들어가자."

여우가 말했다.

"티르니 베사코의 아들아, 무슨 생각을 하니?"

"생각하고 있어."

"어떻게 계속 살아가려는 거야?"

"모르겠어."

"어떻게 모를 수가 있니? 네 생각에 길이 있다고 말했지. 너의 동료가 말할 거야. '내가 너의 개를 살 거야.' 너는 물론 아깝다고 해. 조금 시간이 흐른 뒤 너는 말하는 거야. '모르겠어' 하고 말이야. 네 스스로 잘 봐야 해. 소의 생가죽이 헛간에 놓여 있을 거야. 너는 그 가죽의 끄트머리를 볼 수 있을 거야."

천둥청년은 집으로 다가갔다. 티르니 베사코의 아들은 몰래 주변을 산책하면서 보았다. 헛간의 왼편 구석에 소 생가죽 한쪽 구석이 보였다. 여우는 발로 그것을 가리켰다.

그들은 집으로 들어갔다. 온갖 음식이 많았다. 온갖 술도 있었다. 천둥청년이 말했다.

"너의 개가 나의 불쌍한 개를 죽였어. 너의 개를 살게."

"아이고, 그 개는 내 동료지만 네가 마음에 든다면 그 개를 사."

"교환하고 싶은 게 있어?"

"내가 부탁하고 싶은 것 일부가 보이네."

"어디? 보이면 가져."

"도중에 그걸 봤어. 밖에서."

"밖에 있어? 보러 가자."

그들은 나갔다. 그는 소가죽을 자랑했다.

그는 말했다.

"내가 부탁할 게 바로 그거야."

"어디?"

"바로 이거."

"소 생가죽으로 뭘 하려고? 겨우 움직일 수 있을 거야. 끌고 갈 거야?"

"어떻게든 알아서 할게."

"너의 개와 맞바꾸자."

(그의 동료가 이렇게 말했어. "물론 집구석까지 끌고 갈 수 있어. 구석까지 가서 눈 위에 깔고 한 모서리를 발 쪽으로 끌어당기며 말해, '나를 저 먼 땅으로 데리고 가 줘'라고 말이야.")

"가지고 가."

그는 그것을 끌고 갔다. 집의 모서리에서 소의 생가죽을 펴고 한 귀퉁이를 다리에 걸고서 말했다.

"소의 생가죽아, 나를 바람 왕의 땅으로 데려다줘."

그때 소의 생가죽은 그의 밑에서 위로 휙 올라갔다. 하늘과 땅 사이에 연기를 냈다.

"아, 내가 날고 있어. 친숙해진 여우를 남겨 두었군."

"아냐, 나 여기 있어."

여우가 똑바로 서서 자신의 꼬리를 깔고 앉아 있었다. 7일 동안 계속 달렸다. 7일 후에 여우는 자신의 동료를 깨물었다. 그에게 물었다.

"앞을 보고 있니?"

"보고 있어."

"흰 구름이 앞에 보이니?"

"보여."

"그건 구름이 아니야. 바람 왕의 도시야. 말해 봐." 여우가 훈계했다. "소의 생가죽아, 얼음 구멍 주변에 착륙해."

소의 생가죽은 얼음 구멍 주변에 떨어졌다. 그들은 아직 타고 있었다.

"티르니 베사코의 아들아, 바로 저기 얼음 구멍 옆에 삽이 있고 그 삽으로 얼음이 보이도록 소가죽의 크기만큼 눈을 퍼. 거기에 소가죽을 펼쳐. 소가죽 위에 앉아. 너 자신도 알겠지만 너는 티르니 베사코의 아들이야."

여우가 어디로 갔는지 알 수 없다. 그들은 여명의 첫 빛줄기가 나타난 아침에 양동이 두 개를 가지고 물을 길으러 오는 사람을 보았다. 그 사람은 양동이 두 개를 흔들면서 멍에에 싣고 왔다. 얼음 구멍 주위의 얼음 위에 뭔가를 떨어뜨렸다. 길 위에 메추라기가 앉아 있는 건가? 아니면 짐승인가? 자신의 양동이 두 개를 땅 위에 내려놓았다.

"이 아름다운 짐승을 잡으면 나의 부인이 마음에 들어 할까?"

옆에 양동이를 치우고 메추라기를 낚으려 했지만 잡을 수 없어서 놓쳤다.

"나의 아내는 게임에서는 나보다 더 재빠르지. 그녀를 즐겁게 해 주어야지."

그는 집으로 내달렸다. 눈이 그의 다리 아래에서 회오리를 일으키고 있었다.

"이봐, 내가 어떤 짐승을 찾았어."

"짐승요?"

"메추라기 같은데, 매우 아름다운 짐승이야. 털이 아름다워."

"그 짐승을 뭐하게요?"

"즐겁게 해 주려고. 그 짐승은 우리가 게임하는 동안 당신이 그런 것처럼 나보다 더 빨라."

"사람들이 깨어나면 어쩌려고."

"사람들은 자고 있어."

여자는 옷을 입었다. 그리고 나갔다.

티르니 베사코의 아들은 그들을 보고 말했다.

"두 사람이 걸어오고 있어."

"바로 저 짐승이야." 물을 길으러 왔던 사람이 말했다.

"그녀가 즐거워하는 것 같아."

그녀의 남편은 소매를 걷고 옷자락을 정리한 후 메추라기를 쫓기 시작했지만 따라잡다가 다시 놓쳤다. 그렇게 계속했다.

여자가 쫓는 메추라기는 소의 생가죽으로 달려갔고 여자

는 메추라기를 쫓아 소의 생가죽 위로 갔다. 여자는 메추라기를 쫓았다. 그때 소의 생가죽은 위로 휙 올라갔다. 그러자 소의 생가죽은 언젠가 티르니 베사코의 아들이 여우를 만났던 장소로 내려갔다. 모두 뛰었다.

여우는 말했다.

"소의 생가죽은 여기 남아 있을 거야, 여기서 걸어서 가. 여기는 나의 땅이고 나는 여기에 남아 있을 거야."

티르니 베사코의 아들은 7일 동안 걸었다. 그의 아버지가 만든 고기잡이배에 이르렀다. 이 순간 전나무의 뿌리 아래에서 얀데헤 베사코가 올라왔다.

"너는 나의 아내를 데리고 왔느냐?"

"이 사람이 당신의 아내인지 모르지만 한 여자를 데리고 왔어요."

얀데헤 베사코는 여자의 어깨를 잡고서 그녀의 아랫입술을 잡으려고 달려들었다.

그가 말했다.

"너는 나의 아내를 데리고 왔지만 나는 너를 먹을 거야."

그들은 다시 전나무 뿌리 아래에서 사라졌다. 그때처럼 주위의 사람들이 야브 말에게 호소했다. 다시 7일 동안 걸었다. 지난번 묵었던 장소에 왔고 다시 휙 올라갔으며 다시 거대한 전나무 뿌리 옆에 나타났다.

얀데헤 베사코는 티르니 베사코의 아들을 지상에 보내며 말했다.

"우리는 여행을 했다. 넌 무엇을 보았느냐?"

청년이 대답했다.

"오른편의 사람들이 혹독한 추위로 고통받으면서 겨우 순록을 모았고 왼편의 사람들은 폭염에 괴로워하면서 겨우 순록을 모았어요. 갑자기 고함이 들렸어요. '야브 말, 우리를 구원해 주세요.' 야브 말은 그들의 구원자인 것 같아요. 모두 소리쳤어요. '야브 말' 하고 말이에요."

노인이 말했다.

"야브 말은 바로 너야. 그들을 불행에서 구원해 주거라. 그들은 이미 모든 저주를 벗었어."

노인은 주머니를 뒤지더니 말했다.

"이걸 가져라. 이제 가라, 네가 아버지의 집으로 가면 아버지의 천막집 왼편 협곡 한쪽 끝은 두 줄기 강이 될 것이다. 그런 다음 두 개의 강은 합류하고 곶은 숲으로 우거질 거야. 이 상자는 머리 밑에 둬, 거기서 자."

그는 걸어갔다. 아버지의 천막집에 이르렀다. 천막집 장대를 실은 아버지 썰매 주위에서 소매를 펄럭였다.

머리 위에서 목소리가 들렸다.

"여보, 어디 갔어? 난 일곱 하늘로 갈게."

할머니가 아래에서 말하는 소리가 들렸다.

"여보, 난 일곱 개의 영구 동토층으로 갈게. 우리 아들은 어떻게 됐지? 그런 아들이 무슨 소용이 있어? 우리와 어떻게 헤어질 수 있지? 우리 막내아들, 여우는 아주 훌륭한 우리 아들이야."

"할멈, 우리는 이제 같이 살 수 없어. 다만 가끔 언젠가 살았던 천막집에서 만날 거야. 당신은 지상의 인간의 창조자가 될 거야. 난 하늘에서 살 거고."

아들은 자기 아버지의 작은 도끼를 잡고 모든 장대를 지나 천막집을 낙엽송으로 눌렀다.

그는 협곡을 따라 걸었다. 그의 지하세계 할아버지는 그에 대해 말했다. 거기서 두 개의 강이 흘렀고 그런 다음 합쳐졌다고 말이다. 그는 숲으로 들어가서 둥근 빈터로 다가가 상자의 뚜껑을 열고 상자 위에 머리를 얹고 잤다. 잠에서 깼다. 보니 그가 집 안에서 자고 있고 그의 아내는 바람 왕의 딸이었다. 그는 야브 말이 되었다.

야브 말이 거인을 이긴 이야기

할머니가 아이와 외롭게 살고 있었다. 그들은 강 주위, 좁은 강 주위에 살았다. 겨울이 되면 그들은 둘이서 메추라기, 토끼를 잡았다. 아이가 사냥을 해서 여름에 고기를 먹으며 살았다.

소년은 이름이 없었다. 그래서 그는 '할머니의 아이'라고 불렸다. 3년째 되는 해에 강에 얼음이 얼었다. '할머니의 아이'는 물고기를 낚으러 갔다. 얼음 밑 낚시를 하려고 망을 놓았다. 다음 날 얼음 밑 낚시를 위해 설치한 망을 살펴보러 갔다. 망에 다가갔을 때 구멍을 팠다. 얼음을 파내고 나서 그는 구멍 속의 물이 없다는 것을 알았다. 얼음 밑이 텅 비었고 물이 어딘가로 간 것 같았다. 망에는 물고기가 많이 있었다. 그러나 얼음 밑의 물은 한 방울도 없었다.

그가 말했다.

"물 없이 어떻게 살지. 이제 할머니와 나는 죽겠구나."

또 말했다.

"왜 물이 없지?"

그는 강의 흐름을 따라 아래로 갔다. 7일 동안 강의 흐름을 따라 아래로 걸어갔다. 7일 후에 보니 강은 커다란 강과 만나고 커다란 강은 아직 얼지 않았다. 아이는 커다란 강으로 다가가 강을 가로질러 누워 있는 거인을 보았다. '오딘 벨리칸 레자쉬'[7]는 강물을 몸으로 막고서 아래로, 위로 물이 흐르지 못하게 했다. '할머니의 아이'는 그때 말했다.

"왜 여기에 누워 있는 거야?"

그는 거인이 무서웠지만 그에게 다가갔다. 거인의 머리는 아이가 서 있던 기슭에 놓여 있었다. 그 주위에 서서 '할머니의 아이'는 말했다.

"왜 강을 가로질러 누웠어? 왜 강물을 막고 있는 거야?"

아이가 이 말을 하자마자 그 괴물이 앉았다.

"왜 강물을 막고 있냐고? 물을 막으면 땅의 사람들이 죽잖아. 안 좋아."

"바로 그게 내가 강물을 막는 이유야. 힘이 넘쳐서 힘을 겨룰 수 있는 자를 찾고 있어."

"힘을 겨룰 수 있는 자를 찾아, 강물을 놓아줘."

"놓아줄게." 그가 대답했다.

괴물이 반대편 기슭에 놓여 있던 다리를 뻗자 물이 요동을 쳤다. 강물이 흘렀다.

'할머니의 아이'는 말했다.

---

7) '한 명의 누워 있는 거인'이란 의미다.

“이제 너는 이름을 가지게 되었구나. 너의 이름은 ‘강물을 막은 거인’이야.”

“그러라지. ‘강물을 막은’이라고 불리는 게 나쁘기는커녕 좋은데.”

그들은 함께 걸어갔다. 7일 동안 걸었다. 7일째 되는 날 그들은 ‘걸어가는 한 거인’을 만났다. 그들 둘이 만난 이 ‘걸어가는 한 거인’은 공처럼 커다란 숲이 우거진 땅의 언덕을 가지고 놀았다.

‘할머니의 아이’가 말했다.

“‘강물을 막은 거인’아, 너는 약하지만 저 거인은 너보다 강해 보여.”

‘강물을 막은 거인’이 대답했다.

“그는 정말 강해, 숲이 우거진 땅의 언덕 전체를 공처럼 가지고 놀잖아.”

그들은 ‘공처럼 삼목 섬을 가지고 노는 거인’에게로 둘이서 걸어갔다. 거인에게 이르렀을 때 ‘강물을 막은 거인’이 ‘할머니의 아이’ 등 뒤에 숨었다.

그가 자신의 동료 등 뒤로 뛰어들었을 때 ‘할머니의 아이’는 말했다.

“거인아, 왜 너는 숲이 우거진 땅의 언덕을 공처럼 가지고 놀고 있니?”

그는 대답했다.

"너무 힘이 세서, 나와 힘 겨룰 자를 찾고 있어."

'할머니의 아이'는 말했다.

"그 일을 그만둬. 우리와 같이 가자, 아마 넌 너와 힘 겨룰 자를 만날 거야."

만난 뒤 7일 동안 함께 걸었다. 7일 동안 걷자 앞에 또 한 명의 '식인 거인'이 나타났는데, 그들보다 컸다. 이 거인은 집채만 했고 옥석을 위로 던지고 손바닥으로 받아 공처럼 가지고 놀았다.

'할머니의 아이'는 자신의 동반자들에게 말했다.

"너희보다 힘이 세 보여. 너희들은 힘 겨룰 자를 찾은 것 같아. 그를 봐."

바로 그때 거인에게로 다가갔다. 집채만 한 거인은 옥석을 위로 던졌다가 손바닥으로 받았다. 이 거인에게 다가간 후 '할머니의 아이'의 거대한 두 동료는 아이의 등 뒤로 숨었다.

'할머니의 아이'는 말했다.

"왜 옥석을 위로 던지고 있는 거야?"

"이건 내 장난감이야."

그가 말했다.

"정말 그게 장난감이라고?"

"내 힘에 맞게 장난감처럼 옥석을 가지고 노는 거지."

그가 대답했다.

'할머니의 아이'는 말했다.

"우리와 같이 가자, 힘 겨룰 상대를 찾을 수 있을 거야. 이 돌은 여기 둬."

그렇게 함께 7일 동안 걸었다. 7일째 되는 날 강의 모래사장에서 그들은 도요새를 보았다.

'할머니의 아이'가 말했다.

"'공처럼 돌을 가지고 노는 거인'아, 왜 거인이라고 불리니? 돌을 던져 우리에게 음식을 구해 줘."

'공처럼 돌을 가지고 노는 거인'은 강기슭에서 돌 하나를 잡고 그것을 도요새에게 던졌다. 돌은 날아갔고 도요새도 날아갔다. '공처럼 돌을 가지고 노는 거인'이 던진 돌은 도요새를 쫓아 뛰었다. 도요새가 일곱 번 이리저리 돌더니 땅 위 안전한 곳을 발견하지 못하고 하늘로 올라가 거기서 또 일곱 번 이리저리 돌았다. 일곱 번 이리저리 도니 '공처럼 돌을 가지고 노는 거인'이 던진 돌도 일곱 번 이리저리 돌았다. '공처럼 돌을 가지고 노는 거인'이 던진 돌이 일곱 번 이리저리 돌더니 도요새 뒤를 맞혀 그는 도요새 꼬리 부분을 가죽과 함께 가지고 왔다. 도요새는 꼬리의 반이 없었다.

'할머니의 아이'는 말했다.

"좋지 않아. 이건 우리를 먹일 수 없어. 이전에 공처럼 돌을 가지고 놀았는데, 왜지?"

'할머니의 아이'가 말했다.

"'강물을 막은 거인'아, 왜 '강물을 막은 거인'이라고 불리지? 우리에게는 집이 없어. 우리에게 집을 만들어 줘."

'강물을 막은 거인'은 침을 튀겨서 납으로 된 집을 만들었다. 그들은 집으로 들어갔다. 난로가 있고 그릇이 있고 요리에 필요한 모든 물건이 있다. 음식을 찾았지만 솥만 많지 음식은 하나도 없었다.

'할머니의 아이'는 말했다.

"음식 없이 집이 왜 필요해. 이것 대신 밖에서 자자."

'할머니의 아이'는 그러고 말을 이었다.

"밖으로 가자."

밖으로 나갔다. 자신의 동료들이 만들어 준 집을 발끝으로 치니 흔적도 없이 사라졌다.

7일 동안 걸었다. 7일째 되는 날 '할머니의 아이'는 말했다.

"'공처럼 삼목 섬을 가지고 노는 거인'아, 우리에게 집을 만들어 줘."

'공처럼 삼목 섬을 가지고 노는 거인'은 침을 뱉었다. 청동 집이 나타났다. 그 안으로 들어갔다. 집에는 난로가 있고 그릇과 식탁이 있었다. 음식을 찾으니 음식이 없었다.

'할머니의 아이'가 말했다.

"음식이 없는데 집이 왜 필요해? 이 대신에 밖에서 자자. 가자."

밖으로 나왔다. '할머니의 아이'는 자신의 동료가 만든 집을 발끝으로 차면서 말했다.

"그 어떤 집보다도 쓸모가 없어."

그런 다음 다시 7일 동안 정처 없이 걸었다. 7일째 되는 날 '할머니의 아이'가 말했다.

"'공처럼 돌을 가지고 노는 거인'아, 우리에게 집을 만들어 줘."

'공처럼 돌을 가지고 노는 거인'이 침을 뱉자 은으로 된 집이 나타났다. 은으로 된 집으로 들어갔다. 집 안에는 네 개의 의자, 식탁, 요리에 필요한 그릇이 있었지만 음식은 없었다.

'할머니의 아이'는 말했다.

"음식이 없는데 집이 왜 필요해? 저런 집을 가지는 것보다 안 좋은 일은 없을 거야. 여기서 나가자."

그들은 밖으로 나갔다. '할머니의 아이'가 동료가 만든 집을 발끝으로 치자 자리만 남고 집은 온데간데없었다.

다시 그들은 7일 동안 정처 없이 걸었다. 7일째 되는 날

'할머니의 아이'는 말했다.

"이제 난 집을 만들려고 해."

'할머니의 아이'는 침을 뱉었다. 황금 집이 한 채 만들어졌다. 그들은 집으로 들어갔다. 거기에는 황금 의자 네 개, 침대 네 개, 황금 난로가 있었다. 황금 난로 위에 뜨거운 음식이 놓여 있었다. 음식은 창고에 가득했다. 음식이 많았다. 술도 있었다.

'할머니의 아이'가 말했다.

"너희들은 집을 지을 줄 몰라. 바로 이것이 진짜 집이야."

이 집에서 살았다. 7일 동안 그 집에서 살았다. 음식은 매우 많았다. 7일째 되는 날 '할머니의 아이'가 말했다.

"주변을 걸어 다니자. 자기가 먹을 음식을 찾자."

'할머니의 아이'는 계속했다.

"주인 없는 집은 없어. 누군가는 집을 지켜야 해."

'할머니의 아이'가 말했다.

"'강물을 막은 거인'아, 남아서 집을 지켜."

'강물을 막은 거인'은 동료들이 떠난 후 집에 남겨졌다. 아무것도 하지 않은 채 있을 수 없어서 서른 개의 빵을 굽기로 했다. 빵을 만들고 땀에 흠뻑 젖었을 때 몸 전체를 밖으로 내밀었을 것이다. 시원해져서 땅을 보았다. '열심히 달리는 자'를 보았다. 바로 그때 '강물을 막은 거인'은 창문을 닫고 문을 잠갔다. '열심히 달리는 자'가 문을 두드리는 소리가 들렸다. '열심히 달리는 자'가 문을 두드리자 '강물을 막은 거인'은 문 쪽으로 얼굴을 돌렸고 '열심히 달리는 자'도 문을 열었다. 어느 작은 할머니가 있는데, 얼굴은 일곱 뼘이고 등은 작아서 한 뼘 정도였으며 다리는 매우 짧았다. 할머니는 집으로 들어오면서 말했다.

"'강물을 막은 거인'아, 네가 집에 있는 거야?"

"내가 집에 있어."

"'강물을 막은 거인'이 빵을 구웠네. 빵 나 줘."

'강물을 막은 거인'은 작은 할머니에게 빵 열 개를 주었는데 할머니에게는 간에 기별도 안 갈 정도로 적은 양이었다. 할머니가 말했다.

"'강물을 막은 거인'아, 빵 더 줘."

"열 개의 빵을 줄게요. 동료들 먹이려고 만든 거지만."

열 개의 빵을 더 주었지만 다시 간에 기별만 갈 정도로 적었다. 스무 개의 빵을 주었지만 적어서 할머니는 말했다.

"빵 더 줘."

'강물을 막은 거인'이 대답했다.

"더 이상은 줄 수 없어요. 사냥하는 제 동료들이 먹어야 해요. 할머니는 먹어서 힘이 있잖아요. 제 빵을 줄 수 없어요."

'강물을 막은 거인'은 그것을 아까워했고 할머니가 자신의 손을 내밀었지만 '강물을 막은 거인'은 그녀의 손목을 때렸다. 통나무로 때리고 주먹으로 때렸을 수도 있다. 그 누구도 작은 할머니에게 관심을 기울이지 않았고 할머니는 '강물을 막은 거인'에게 달려들었다. 할머니는 집 안에서 뼈만 남은 발톱으로 싸웠다. '강물을 막은 거인'은 할머니에 오래 맞서지 못했다. 할머니가 '강물을 막은 거인'을 집구석으로 몰았고 '강물을 막은 거인'은 똥을 쌌다. 그다음에 작은 할머니가 '강물을 막은 거인'을 때렸고 마지막 남은 빵 열 개를 빨리 먹어 치웠다. 이후 작은 할머니는 사라졌다. '강물을 막은 거인'은 할머니가 떠난 후 겨우 침대까지 가서 누웠다.

어두워지자 그의 동료들이 도착해서 말했다.

"음식 내와."

"친구들아, 내가 음식을 차릴 힘이 없어. 여기는 파멸의 땅인 것 같아. 난 아파. 이 땅에서 떠나자."

사냥 나간 동료들이 직접 음식을 준비했다. 그들은 잠자리에 들었다. 아침에 '할머니의 아이'가 말했다.

"'공처럼 삼목 섬을 가지고 노는 거인'아, 남아서 집을 지켜. 주인 없는 집은 있을 수 없어. 우리 중 하나가 아프잖아."

그는 집에 남았다. 그의 동료들이 없을 때 거인도 서른 개의 빵을 구웠고 빵을 만들면서 땀에 젖어 땀을 식히려고 밖으로 몸을 내밀었다. 보니 저 멀리 '열심히 달리는 자'가 땅 위에 보였다. 여자가 매우 빨리 달리는 것 같았다. 그녀는 도약을 매우 잘했다. 거인은 창문을 닫고 문에 시선만 던졌다. '열심히 달리는 자'는 바깥문을 두드렸다. 문을 보니 여자가 이미 열었다. 한 작은 할머니였는데 등이 한 뼘이고 얼굴은 일곱 뼘이었다.

작은 할머니가 말했다.

"'공처럼 삼목 섬을 가지고 노는 거인'아, 오늘 네가 집에 있구나. 빵을 줘."

그는 빵을 열 개 주었다. 빵을 스무 개 주었지만 그녀에게는 스무 개의 빵이 적었다. 바로 똑같은 일이 벌어졌다. 다시 작은 할머니는 빵 쪽으로 손을 뻗었고 똑같은 일이 벌어졌다. '공처럼 삼목 섬을 가지고 노는 거인'은 그녀의 손목을 때리며 말했다.

"음식을 줬잖아. 충분해. 나머지는 내 동료들의 음식이야."

한 뼘 할머니의 손목을 때리면서 그들의 싸움이 집 안에서 바로 시작되었고 '공처럼 삼목 섬을 가지고 노는 거인'은 할머니와 오래 싸우지 못했다. 집의 벽에 몇 번 부딪치자 '공처럼 삼목 섬을 가지고 노는 거인'은 똥을 쌌다. 작은 할머니는 '공처럼 삼목 섬을 가지고 노는 거인'을 심하게 때린 다음 빵을 모두 먹어 치우고는 순식간에 뛰어서 사라졌다. '공처럼 삼목 섬을 가지고 노는 거인'은 침대까지 겨우겨우 갔다.

동료들이 도착했고 그중 둘이 말했다.

"음식 차려 줘."

그가 대답했다.

"이 땅은 파멸의 땅인 것 같아. 여기서 떠나자."

둘만 말하고 어제의 거인은 조용했다.

그가 말했다.

"난 음식을 차릴 힘이 없어. 아파."

그의 동료들이 직접 음식을 차렸다. 그들은 잠자리에 들었다. 다음 날 일어났다. 그들의 아픈 동료는 이미 다 나았다.

'할머니의 아이'는 말했다.

"다시 사냥을 가자. '공처럼 돌을 가지고 노는 거인'아, 네가 남아. 주인 없는 땅은 있을 수 없어. 우리 집을 보는 사람 없이 둘 수 없어."

모두 떠났다. '공처럼 돌을 가지고 노는 거인'은 집에 남았다. 낮에 그 역시 서른 개의 빵을 구웠다. 서른 개의 빵을 만들고 땀을 식히려고 허리까지 밖으로 몸을 내밀었다. 땅을 보니 지상에 '열심히 달리는 자'가 보였다. 얼른 창문을 닫았지만 '열심히 달리는 자'는 문으로 몸을 밀어 넣었고 문

쪽으로 머리만 돌렸는데 이미 들어왔다. 조그만 할머니인데 얼굴은 일곱 뼘, 등은 한 뼘이고 다리는 짧았다.

"'공처럼 돌을 가지고 노는 거인'아, 집을 지키고 있구나. 음식을 줘."

열 개의 빵을 주었다. 그녀에게는 간에 기별도 안 갈 정도로 적었다. 그는 또 열 개의 빵을 주었다. 그래도 그녀에게는 너무 적었다. 스무 개의 빵을 먹어 치우고 말했다.

"더 줘."

'공처럼 돌을 가지고 노는 거인'이 말했다.

"더 이상 줄 수 없어. 이 음식은 나의 사냥꾼 동료들 거야."

할머니는 마지막 열 개의 빵에 손을 뻗었다. '공처럼 돌을 가지고 노는 거인'이 그녀의 손목을 쳤다. 할머니에게 그렇게 하다니. 바로 그때 그들은 싸우기 시작했다. '공처럼 돌을 가지고 노는 거인'은 오래 싸우지 못했다. 할머니가 '공처럼 돌을 가지고 노는 거인'을 벽에 쳤고 '공처럼 돌을 가지고 노는 거인'은 똥을 쌌다. 할머니는 마지막 열 개의 빵을 먹고 달려서 사라졌다. 할머니가 떠난 후 그는 겨우 침대까지 갔다.

겨우 갔는데 저녁에 사냥꾼들이 도착했다. 다른 둘은 가만히 있고 '할머니의 아이'는 말했다.

"먹을 걸 줘."

'공처럼 돌을 가지고 노는 거인'이 대답했다.

"이 땅은 파멸의 땅인 것 같아. 난 아파. 여기서 나가자."

두 친구들은 조용히 있고 '할머니의 아이'만 말했다. 그의 동료들이 직접 음식을 차렸다. 그들은 잠자리에 들었다. 다음 날 그들은 일어났다. 그들의 아픈 동료가 완쾌되었다.

'할머니의 아이'가 말했다.

"내가 집에 남을게. 이제 내 차례야. 너희는 사냥하러 가야 해."

세 거인은 사냥하러 갔고 구멍에 앉아 그들의 머리 꼭대기를 숨겼다. '강물을 막은 거인'이 말했다.

"할머니가 왔어. 그녀는 나를 심하게 때렸어."

그때 '공처럼 삼목 섬을 가지고 노는 거인'이 말했다.

"할머니가 나도 때렸어. 매우 강한 것 같아."

'공처럼 돌을 가지고 노는 거인'도 말했다.

"할머니가 나도 때렸어. 난 똥을 쌌어. 매우 강한 것 같아. 집에 남아 있던 우리의 동료도 다시 맞을 거야."

'할머니의 아이'는 자신의 동료들이 떠난 후 서른 개의 빵을 구웠다. 그는 동료들처럼 땀을 식히기 위해 창문에 몸을 내밀었다. 땅 저 멀리 보았다. 다시 '열심히 달리는 자'를 보았다. '열심히 달리는 자'는 사실 여자였고 그녀는 빨리 달리는 것 같았다. '할머니의 아이'는 창문을 닫고 얼굴만 여자 쪽으로 돌렸다. 그녀는 이미 문으로 들어왔다. 작은 할머니의 얼굴은 일곱 뼘, 등은 한 뼘, 두 다리는 매우 짧았다.

그녀가 말했다.

"'할머니의 아이'야, 오늘은 네가 집에 남았구나. 먹을 걸 줘."

'할머니의 아이'는 열 개의 빵을 주었다. 그녀는 순식간에 입으로 그것을 넣었지만 그녀에게는 너무나 적었다.

"먹을 걸 더 줘."

열 개의 빵을 더 주었다. 순식간에 입으로 보냈지만 그녀에게는 너무나 적었다.

"먹을 걸 더 줘."

'할머니의 아이'는 대답했다.

"안 돼요. 이 빵은 줄 수 없어요. 이건 제 동료들 몫이에요. 그들이 도착하면 먹어야 해요."

빵을 더 이상 주지 않았다. 열 개의 빵을 아꼈다. 그때 할머니가 빵 쪽으로 손을 뻗었지만 '할머니의 아이'는 그녀의 손목을 때렸다. 작은 할머니는 '할머니의 아이'에게 덤볐고 집 안에서 바로 붙었다. 그들이 얼마나 싸웠는지 모르지만 할머니는 '할머니의 아이'에게 졌다. 그가 작은 할머니의 등을 두 동강 내려고 하자 작은 할머니는 갑자기 사라졌고 그녀의 말만 들렸다.

"네가 너의 땅에서 힘이 세구나. 나의 땅에서 싸워 보자. 나의 땅으로 오너라."

이 말을 하고서 작은 할머니는 사라졌다.

저녁에 사냥 갔던 동료들이 돌아와 보니 그들의 동료가 아프지 않았다. '할머니의 아이'는 말했다.

"너희들은 아팠지. 낮에 할머니가 왔었어. 할머니는 아마 너희를 때렸을 거야. 전에 너희가 힘이 매우 세서 겨룰 상대를 찾는다고 말했잖아. 너희는 할머니와 싸울 수 없었던 모양이구나."

그의 동료들 모두는 말없이 들었다.

'할머니의 아이'는 계속했다.

"이 땅에서 살 수 없어. 이 땅에서는 충분히 살았어."

황금 집에서 나갔다. 나가서 '할머니의 아이'가 황금 집을 발끝으로 치니 집이 사라졌다. 이후 그의 말을 따라서 걸어갔다.

7일 동안 걸었다. 7일째 되는 날 그들은 커다란 호수로 왔고 그 기슭의 풀은 사람의 키보다 컸다.

'할머니의 아이'가 말했다.

"이 풀을 베자."

그들은 넷이서 풀을 베기 시작했다.

'할머니의 아이'가 말했다.

"이 풀로 밧줄을 엮자."

이 풀로 밧줄을 엮고 네 개의 커다란 더미를 만들었다.

"이 밧줄을 가지고 가자."

밧줄을 가지고 갔다. 3일 동안 내내 걸었다. 커다란 돌 하나를 만났다. '할머니의 아이'가 말했다.

"'강물을 막은 거인'아, 이 돌을 저쪽으로 치워. 전에 너는 힘 겨룰 상대를 찾았어."

'강물을 막은 거인'은 밀었지만 돌은 꼼짝도 하지 않았다.

'할머니의 아이'가 말했다.

"'공처럼 삼목 섬을 가지고 노는 거인'아, 삼목 섬을 가지고 놀 정도로 힘이 셌어. 너의 힘을 이 자리에서 보여 줘."

'공처럼 삼목 섬을 가지고 노는 거인'은 돌을 잡았지만 들 수 없었다.

그때 '할머니의 아이'는 '공처럼 돌을 가지고 노는 거인'에게 말했다.

"전에 너는 힘 겨룰 상대를 찾았어. 이제 너의 힘을 보여 줘, 어서."

'공처럼 돌을 가지고 노는 거인'은 돌을 움직일 수 없었다. 거대한 돌은 꼼짝도 하지 않았다.

그때 '할머니의 아이'는 말했다.

"해내지 못했구나. 여기가 힘을 쓸 수 있는 곳이야. 너희들은 해내지 못했어. 내가 해 볼게."

'할머니의 아이'는 돌을 들어 다른 장소로 옮겼다. 거대한 돌 밑 땅속에 구멍이 나타났다. 돌은 땅속 구멍을 덮고 있었던 것이다.

'할머니의 아이'는 말했다.

"내가 땅의 구멍으로 갈게. 아래로. 너희는 여기 남아."

그는 계속했다.

"네 개의 밧줄 묶음을 함께 묶자."

네 개의 밧줄 묶음을 함께 묶었다.

그가 말했다.

"내가 땅 구멍으로 밧줄을 들고 갈게. 너희는 여기서 아무 데도 가지 마. 만약 돌아오면 밧줄을 위로 올려 줘. 난 그것을 타고 올 거야."

그런 다음 '할머니의 아이'는 밧줄을 몸통 주위에 묶고 땅 구멍으로 내려가기 시작했다. 거기는 매우 어두웠다. 그가 얼마나 내려갔는지 알 수 없지만 얼마의 시간이 지난 후 바닥에 도착했다. 도착하자 주위가 밝아졌다. 밧줄 끝은 집의 문 옆에 묶어 두었다. 집으로 들어갔다. 그 안에는 여덟 개의 현관이 있고 그 현관들을 지나자 집의 절반이 보였다. 집 내부는 눈이 멀 정도로 아름다웠고 그가 만든 황금 집의 내부와 아주 흡사했다. 식탁이 바로 옆에 있었다. 세 여성이 앉아 있었는데 매우 아름답고 매우 젊은 여성들이었다.

세 명의 여성이 그에게 말했다.

"'할머니의 아이'야, 왜 여기에 온 것이냐? 우리에게는 어머니가 계셔. 어머니는 '할머니의 아이'가 이리로 올 것이라고 자주 말씀하셨지. 오면 그를 먹을 거라고 했어. 너를 먹게 둘 수는 없지?"

그들은 계속했다.

"우리 어머니는 언제나 '할머니의 아이'가 자신의 땅에서 힘이 세다고 나의 땅에 오면 그를 먹을 거라고 했어. 나의 땅에서는 그가 이길 수 없다고 하시면서."

그들이 말했다.

"'할머니의 아이'야, 너는 살고 싶니?"

"물론 살고 싶지."

세 여자는 말했다.

"우리는 이 땅에서 살고 싶지 않아. 너의 땅으로 우리를 데리고 가 줄 수 있니?"

'할머니의 아이'는 말했다.

"만약 너희 어머니가 우리를 먹지 않는다면 물론 너희를 나의 땅으로 데리고 갈 거야."

그때 세 여성은 말했다.

“우리가 너에게 필요한 조언을 해 줄게. 우리 어머니는 너를 먹지 못할 거야. 만약 우리를 데리고 간다고 동의한다면 봐, 저기 두 개의 통이 있지. 한 통에는 생명수가 들어 있고 다른 통에는 죽음의 물이 들어 있어. 이 두 통의 위치를 바꿔.”

‘할머니의 아이’는 이 두 통의 위치를 바꿨다.

그들은 말했다.

“우리 어머니는 곧 올 거야. 너를 잡겠지. 너를 숨겨 주어도 어머니는 내내 경계할 거야. 나중에 어머니에게 덤벼서 싸워. 그러면 우리 어머니가 말할 거야. ‘쉬자, 난 너무 많이 걸었어. 피곤해. 물을 마시자.’ 우리 어머니는 생명수로 갈 거야. 통의 위치가 바뀌었으니 어머니는 죽음의 물을 마시게 되겠지. 죽음의 물을 마시면 우리 어머니에게 무슨 일이 일어날 거야. 너는 생명수를 마셔. ‘할머니의 아이’야, 우리는 너를 숨겨 줄게. 상황은 너에게 좋지 않아. 어머니는 경계를 늦추지 않을 거니까.”

세 여자는 그를 숨겨 주고 지켰다.

늦은 저녁에 물에서 시끄러운 소리가 들렸고 이전의 작고 등이 한 뼘이며 그들의 집으로 달려왔던 작은 할머니가 들어왔다. 한 손에는 젊은 여자를 들고 다른 한 손에는 젖먹이를 데리고 왔다.

"여자의 아이야. 이 여자를 도로 데리고 왔어. 난 속이 안 좋아. 그래서 다시 데리고 왔어."

"집에 뭐가 왔어? 뭔가 매우 강한 냄새가 나."

그녀는 계속했다.

"내가 '할머니의 아이'가 올 거라고 말했지. 왜 숨겼지? 당장 보여 줘."

그때 '할머니의 아이'가 말했다.

"그녀가 생명수를 마실지도 모르는데 내가 여기 있다니. 나가는 게 더 좋겠어."

그러면서 '할머니의 아이'는 벌떡 일어났다. 그가 벌떡 일어났을 때 작은 할머니가 말했다.

"'할머니의 아이'가 왔군. 왜 숨었지?"

그들은 싸우기 시작했다. 얼마나 싸웠는지 알 수 없다. 할머니는 말했다.

"나는 너무 걸어 다녔어. 물을 마실 거야."

할머니는 생명수가 든 통으로 달려갔고 사실은 죽음의 물이었는데 그 물을 전부 다 마셨다.

할머니는 말했다.

"아이들이 정말 내 말을 들은 거야? 너희가 죽음의 물을 생명수와 위치를 바꾼 것 같구나. '할머니의 아이' 편을 들었어."

이후 '할머니의 아이'는 작은 할머니를 제압했지만 작은 할머니는 싸우는 것을 원하지 않는 듯 보였다. '할머니의 아이'가 한 뼘의 할머니 등을 두 동강 내기 시작할 때까지 오래 싸우지 않았다. 단단한 한 뼘 등을 두 동강을 내기 시작했다. 등은 세 번 으드득 소리를 냈고 깨지는 소리를 내며 망가졌다. 그때 발톱 사이로 작은 할머니가 사라져서 찾기 시작했다.

"'할머니의 아이'야, 지금부터 너를 괴롭히지 않을 거야. 너를 두려워할 거야. 너는 나보다 강해."

'할머니의 아이'는 세 여자에게 말했다.

"이제 우리는 나갈 겁니다. 갑시다. 옷을 입으세요."

세 여자는 옷을 입고 뛰었다.

그들은 달려서 그의 밧줄이 있는 곳으로 갔다. '할머니의 아이'는 처음에 세 여자를 밧줄에 묶었다.

그가 그들을 묶은 후 가장 어린 여자가 말했다.

"당신은 남자니까 앞에 있어야 해요. 우리 여자들은 뒤에 있어야 해요."

'할머니의 아이'는 이에 동의하지 않았다.

"나를 속이는군요. 자신 땅에 남겠죠. 나를 속이고 있어요."

그때 가장 어린 여자가 말했다.

"당신이 뒤에 있어야겠군요."

세 여자 중 가장 어린 여자가 남자에게 금반지를 주며 말했다.

"위에 있는 당신의 사람들이 결코 좋은 사람들 같지 않군요. 나의 반지를 당신이 가지고 계세요. 서로서로를 잃어버리게 되면 전 언제든 당신을 반지로 찾을 겁니다."

가장 어린 여자는 자신의 반지를 주었고 남자는 반지를 받은 후 세 여자를 묶은 밧줄을 세 번 당겼다. 거인들은 당기는 소리를 들었다. 거인들이 밧줄을 당기자 밝은 장소의 여자들이 나타났다. 밝은 장소의 여자들이 나타나자 거인들이 소리쳤다.

"우리 동료가 여자들을 데리고 왔어."

그들은 세 여자를 하나씩 들어 올렸다.

"마지막 여자는 그의 여자야. 아마 다른 언니들보다 더 예쁠 거야. 우리 중 하나의 몫이 없는 것 같아."

'공처럼 돌을 가지고 노는 거인'이 말했다.

"'강물을 막은 거인'아, 여자들 뒤에 있는 밧줄을 끊어. 우리가 여자들을 아내로 삼자."

'강물을 막은 거인'이 밧줄을 잘랐다. '할머니의 아이'는 구멍으로 도로 떨어졌다. 거기서 그는 다시 밝은 세상에 나타났다.

그는 그렇게 커다란 강의 기슭에 나타나서 목적 없이 기슭을 따라 걸었다. 3년 동안 목적 없이 걸어 다녔다. 어느 날 강의 가파른 기슭으로 다가갔다. 강의 가파른 기슭 위에 '일곱 날개의 민레이'8)가 앉아 있었다. '일곱 날개의 민레이'의 엉덩이 반이 떨어져 나갔고 꼬리 반이 없었다. '할머니의 아이'는 말했다.

"민레이야, 나를 나의 땅으로 데려다줘."

민레이가 대답했다.

"난 너를 너의 땅으로 데려다줄 수 없어."

그가 말했다.

"왜 넌 나에게 매달리는 것이냐?"

"너 나를 왜 괴롭혔어?"

"내가 너를 괴롭혔다고 하는데 너를 괴롭힌 일이 기억나지 않아."

그가 말했다.

"내가 모래사장 모습으로 커다란 강의 기슭을 따라 날아가고 있을 때 넌 '공처럼 돌을 가지고 노는 거인'에게 나를 때리라고 지시했잖아. 네가 보니 내 꼬리의 반이 없지. 그건

---

8) 네네츠족의 신화에 나오는 새. 철로 된 날개는 눈보라를 일으키고 특별한 이유 없이 이 새를 언급하는 것은 금지되어 있다.

'공처럼 돌을 가지고 노는 거인'이 던진 돌에 맞아 찢어진 거야. 네가 나를 돌로 치라고 지시했잖아."

이후 '일곱 날개 민레이'가 말했다.

"기억이 잘 나지 않는 건 좋지 않아. 너를 너의 땅으로 데려다줄게."

이후 바로 그 일이 일어났다.

민레이가 말했다.

"팔로 내 목을 안아."

그때 '할머니의 아이'는 팔로 그의 목을 안았다. 민레이는 두 번 쳐다보았다.

그다음 민레이는 하늘을 휙 날아올랐다. 얼마나 빛을 따라 날아갔는지 알 수 없지만 얼마 후 어둠이 시작되었다. 어둠을 극복하자 다시 빛까지 날아갔다. 민레이는 전에 돌이 땅속 구멍을 덮었던 곳으로 데리고 갔다. 그리로 데려다주면서 말했다.

"이제 너를 땅 위로 데리고 왔어. 이제 너의 땅으로 스스로 가거라."

이후 민레이는 자신의 생각에 따라 어딘가로 날아갔다.

'할머니의 아이'도 자신의 생각에 따라 1년을 걸어갔다. 어느 정도 시간이 흐른 후 앞에 황제의 도시가 나타났다. 그는 말했다.

"집들이 있는 데까지 가야지."

그는 도시의 외곽에 다다랐다. 그렇게 도시 외곽에 도착해 어느 초라한 집을 보았다. 어느 러시아 노인이 장작을 쪼개고 있었다. 노인에게 다가가기 전에 '할머니의 아이'가 몸을 한 번 흔들자 걸어 다니는 큰 아이가 되었다. 이후 장작을 패는 노인이 도끼를 위로 올리자 아이는 노인의 도끼 밑으로 달려갔다. 노인이 말했다.

"너는 어디서 나타난 것이냐. 버릇없는 아이야, 너를 죽일 뻔했구나. 내가 좋은 사람을 죽인다고 생각하겠지. 왜 여기에 뛰어들었느냐?"

그가 대답했다.

"할아버지, 나를 죽이세요. 괜찮아요. 나에게는 아무도 없어요. 나를 찾을 사람이 아무도 없어요."

러시아 노인의 아내가 집에서 나와 말했다.

"영감, 이 아이는 자기를 찾을 사람이 아무도 없다고 말했죠. 우리 아이로 삼읍시다."

러시아 노인은 어린아이의 목덜미를 잡고 그를 할머니에게로 던지며 말했다.

"필요하면 가져."

할머니는 아이를 들고 말했다.

"아이를 자식으로 삼읍시다. 왜 아이를 무시하는 거요?

키웁시다. 이 아이는 일을 할 거예요. 돈도 벌어 오겠죠."

그런 다음 노인의 아이는 잠이 들었다. 노부부도 잠이 들었다. 바로 그때 그는 일어났고 노부부는 그가 잠을 자는 동안 어딘가로 갔다.

버릇없는 아이는 저녁에 노인에게 물었다.

"어디 다녀오세요?"

노인이 대답했다.

"우리가 어디 다니는지 왜 너에게 이야기해야 해. 우리가 어디 다니는지 너에게 이야기할 이유가 없어."

할머니가 말했다.

"당신이 어디 가는지 아들에게 알려 주세요. 그가 안다고 무슨 일이 일어나겠어요."

그녀는 또 말했다.

"우리에게는 황제가 있단다. 황제의 집에 갔다 왔어. 항상 가지. 1년 전 우리 도시로 세 명의 남자가 나타났는데, 그들의 여자들이 아내가 되는 것을 원하지 않는다고 하더구나. '우리를 여기로 데리고 온 사람은 다른 사람입니다'라고 말한대. 가장 어린 여자는 다른 여자들보다 얼굴 피부가 더 젊고 더 부드러워. 그 여자는 '우리를 우리 땅에서 데리고 온 남자가 이 땅으로 왔다'라고 말했어. 할아버지가 그렇게 말해 줬어."

아들이 물었다.

“지금 다시 갈 거예요?”

그들이 대답했다.

“다시 갈 거야.”

아들은 부탁했다.

“저를 데리고 가 주세요.”

노인이 대답했다.

“뭐하게? 그 남자들 앞에 어떻게 있겠단 거니? 집에 있어.”

그때 할머니가 말했다.

“왜 그렇게 하나뿐인 아이에게 말을 함부로 하세요? 아이가 가게 해 주세요. 저 아이는 제 발로 갈 거예요. 가게 하세요. 저 아이를 안고 가지는 마세요.”

노인이 대답했다.

“너희끼리 가. 나하고 가지 말고.”

노인은 떠났고 할머니와 아이는 노인이 떠난 후 갔다.

황제의 집을 결코 혼동해서는 안 된다. 할머니는 황제의 집까지 어떻게 가는지 알고 있는 듯했다. 러시아인들이 매우 많았다. 그들은 집 안으로 들어갔다. 러시아인들이 매우 많았는데 황제 주변에 큰 남자 세 명이 앉아 있었다. 아들은 사람들 속에 섞여 앉았다. 보니 가장 어린 여자는 사람들에게 술을 대접하고 있었다. 그녀는 사람들에게 술을 대접하면서 말했다.

"우리는 우리를 데리고 온 남자를 찾습니다. 이 세 남자가 우리를 데리고 온 것이 아닙니다."

모든 사람들에게 술을 가지고 갔으며 얼마 후 그들 차례까지 왔다. 그는 제일 마지막 컵을 가져왔다. 그가 컵을 왼손으로 잡자 가장 어린 여자가 소리를 지르며 말했다.

"술을 다른 손으로 잡는군요."

남자는 소매에서 손가락 끝만 내밀었다. 가장 어린 여자는 힘껏 그의 손을 뺐다. 금반지가 불처럼 반짝거렸다.

그때 가장 어린 여자가 말했다.

"바로 이 러시아인이 우리를 데리고 왔어요."

그녀는 러시아인의 손을 잡고 이끌었다. 러시아인은 몸을 흔들더니 멋있고 흰 러시아인으로 변했다. 자신의 모험에 대해 이야기하기 시작했다.

"이 세 여자는 지하에서 내가 데리고 왔으며 저 세 동료들이 나의 밧줄을 칼로 잘랐습니다."

그때 황제가 말했다.

"어떤 사람들이지?"

군인을 불렀다. 군인들은 이 세 사람을 잘라서 응징했으며 집에 못으로 박았다. 그들은 죽었다. 그는 여자를 아내로 삼았다. 세 아내를 데리고 자신의 집에 들어갔다.

3일 동안 집에서 살면서 말했다.

"언젠가 나에게 할머니가 있었어. 할머니가 돌아가셨을까? 할머니를 데리고 오고 싶어."

그다음 그는 걸어서 갔다. 7일 동안 걸었다. 할머니에게 도착했다. 그의 소중한 할머니는 아직 살아 있었다. 그녀는 자신의 아이에게 키스를 하고 행복해서 가슴뼈가 부서졌다. 그녀는 죽었다. 그는 집으로 돌아갔다. 이 이야기는 끝났다. 거기서 그는 살았다.

해 설

네네츠는 사라질 위기에 놓인 러시아 내 소수민족이다. 네이버캐스트에 나온 네네츠인 관련 글을 보면 네네츠의 문화와 기원에 대해 잘 알 수 있다. 이렇게 러시아 내 시베리아 지역에 살고 있는 소수민족에 대한 관심은 국내에서 지속적으로 이어져 오고 있다. 이런 관심은 시베리아 지역이 한민족의 역사에서도 중요한 부분을 차지할지도 모른다는 기대에서 비롯된다.

네네츠인은 2010년 인구조사에 따르면 44,640명 정도가 살고 있는 것으로 알려져 있다. 주로 러시아 연방의 야말 네네츠 자치구에 모여 살고 있으며 일부는 그 주변 지역(네네츠 자치구, 크라스노야르스크 지방, 한티-만시 자치구)에 흩어져 있다. 19세기 러시아 문헌에 네네츠인은 '사모야디(Самоядь)', '사모디(Самодь)'로 기록되어 있다. 이로써 네네츠인들은 사모예드인으로 불렸다는 것을 알 수 있다. '네네츠'라는 이름은 '사람'을 뜻한다.

네이버캐스트의 네네츠인과 관련된 글을 보면 네네츠인의 기원에 대해서 잘 나타나 있는데, 사모예드어를 구사하는 네네츠인의 조상은 훈족, 튀르크 등의 유목 민족의 지배를 받았고 11세기경에 시베리아 남부에 살던 사모예드 일부가 북극해로 이주해 오면서 다시 섞이게 되어 현재의 네네츠인이 되었다는 설이 지배적이다. 주로 해양 어업, 사냥, 순록 사육에 종사했으며 순록은 북방 민족에게 다 그렇듯이 중요한 삶의 근간이 되어 왔다. 그러므로 순록에게서 음식, 옷, 신발, 천막집의 덮개를 만드는 등 생활 전반에 필요한 것들을 얻는다. 또한 '월귤나무 열매' 이야기는 네네츠인이 즐겨 마시는 과즙의 원료인 월귤나무에 관한 유래를 말한다.

네네츠인의 이야기에는 이런 생활과 관련된 물질문화는 물론이고 이와 관련된 정신문화, 종교와 샤머니즘도 반영되어 있어서 네네츠의 문화 전반을 이해하는 데 중요하다. 그들은 세상의 유래와 관련된 이야기, 종족의 형성과 관련된 이야기, 신화적 이야기 등 다양한 이야기를 보유하고 있는데 어떤 이야기들은 한국 민담과 유사한 이야기 형태를 지녔다. 이런 이야기들은 집안 대대로 가업처럼 이어 온 이야기꾼들에 의해서 보존되고 후대로 전수되었다.

'새 총각', '왜 부엉이는 햇빛을 보지 못하는가', '곰이 꼬리를 잃게 된 사연'은 동물 유래담으로 왜 동물 세계에서 현재와 같은 일이 벌어졌는지 근원에 대한 질문에 답을 하는 이야기다. 반면 '여우, 새 그리고 까마귀'는 우리 민담 중에서 '까치 새끼 빼앗은 호랑이'와 유사한 이야기다. 이렇게 한국의 민담과 유사한 이야기들이 눈에 띄는데 이런 이야기를 통해 역사적으로 밝혀지지 않은 사실들이 발견될 수도 있다는 점에서 흥미로울 수 있다.

'모캐 남편과 부인 마리야 공주'는 한국 민담 '구렁덩덩신선비'와 비슷한 이야기로 이종교혼설화다. 이런 설화는 세계적으로 널리 알려져 있는 광포설화의 일종이다. '힘센 독수리가 네네츠인들에게 해를 돌려준 이야기'는 러시아와 네네츠족의 연관을 다룬 설화로 러시아의 영향력이 강하게 미친 작품이다. 러시아 제국은 시베리아 민족들을 강압적으로 점령했으며 그러면서 많은 희생을 낳았다. 여기서 독수리는 러시아 제국의 상징인 쌍두 독수리를 상징하며 해는 러시아 제국의 은총을 말하는 것으로 해석된다. 즉 여기에 등장하는 솔개는 네네츠 민족을 점령하려는 다른 이민족으로 해석되며 이야기는 그 이민족에게서 러시아 제국이 네네츠인을 구원한 내용임을 알 수 있다. 그러므로 이 이야기는 이미 러시아 제국에 점령당한 후에 제국의 영향력으로 인해 후대에 발생한 이야기인 것이다.

'야브 말의 모험', '야브 말이 거인을 이긴 이야기'는 신화적인 이야기다. 야브 말(Яв мал)은 네네츠 최고의 신이며 우주의 창조주 눔(Нум)의 큰아들이며 하늘의 신이라고 되어 있는데 여기 신화에서는 티르니(Тирний Вэсако, 우주의 신)의 아들로 나온다. 야브 말은 네네츠인 사이에서 가장 존경 받는 신 중 하나다. 그러므로 이 신에 관련된 이야기가 많이 구전되어 오고 있다.

이 이야기들의 출처는 ≪북방 민족 민담(Сказки народов севера)≫(국립문학출판사, 1959), ≪네네츠 민담(Ненецкие сказки)≫(아르한겔스크, 1936), ≪네네츠 민속(Фольклор Ненцев)≫(나우카, 2001)이다.

옮 긴 이 에 대 해

박미령은 현재 한국외국어대학교에서 '그림책' 관련 프로젝트를 수행하고 있으며 역서로는 공동으로 번역 · 출간한 ≪러시아 여성의 눈≫, ≪러시아 추리 작가 10인 단편선≫이 있다. 논문으로는 <지배 이데올로기와 영웅서사시 브일리나>, <Comparative Analysis of Korean Folktale *The wonderful Serpent Bridegroom and Russian The Feather of Finist the Falcon of the Type Cupid and Psyche*>, <소비에트 제국 이데올로기의 토착화를 위한 아동문학의 역할: 20-30년대 그림책과 포토몽타주를 중심으로> 등이 있다.

시베리아 설화집 전체 작품 목록

한국에 처음 소개되는 시베리아 설화다. 시베리아와 극동 제 민족의 설화를 연구하는 연구자들뿐만 아니라 평소에 시베리아의 신화, 전설, 민담에 관심을 가진 독자들에게 유용할 것이다. 총 43개 부족의 1017편 이야기다.

야쿠트인 이야기

곰과 여우
오리와 검독수리
누가 일출을 처음으로 보는가
수말과 황소
차아차하안 차아차하안
타알 타알 노파
리이바라
니이이 니이이 할멈
춥쵸요쿄욘 춥쵸요쿄욘
다섯 마리 암소를 가진 베이베리케옌 할멈
슬라브니 유데유이옌
자야치 흐보스트
테옐레이 할멈
늑대와 노인
영리한 개
오노고스토온 추오카안과 올로온 돌로온
가난한 농부
암소 세 마리와 아내 셋을 가진 노인 테예프 테예프
영리한 처녀
투툼 튜요케이
고대 용사와 전투에 대한 이야기

예벤키인 이야기

빠꾸기
백조와 까마귀
멧닭과 백조
곰과 붕어
여우와 모캐
여우 훌랸
은혜 갚은 곰
토끼 자매
식테흐 신겔툰
개가 털옷을 입게 된 사연
자작나무에서 태어난 소녀
지하세계에 간 남자 1
지하세계에 간 남자 2
차르치칸
천상세계에 갔다 온 남자
토끼를 속인 할아버지
소년과 까마귀
백조에게 아들을 빼앗긴 아버지
똥에 빠져 죽은 할아버지 할머니
예벤키 남자와 뱀
치나나이
아카라모와 이불 형제
슬기로운 청년
두 형제
모험을 찾아 떠난 청년
비켈리디운
료하
움나
우차나이
헤누키찬
불화의 언덕
예벤키 사람들이 순록을 키우게 된 이유
세 형제 무사
어린 무사
우냔니와 코렌도
엡카찬
무춘노이와 뵤르콜툰 형제
식토불
나라불
누르고불
누르가울
초로
소두 소르돈초 솔다니
킬리디나칸
중간세계의 우무스닌단
차갈라이 차쿨라이
무사 볼론투르
하니 후분과 호호르 보그도
온기닐
우리얀과 몰리나
오란
디긴
어느 노부부의 오만방자한 아들
난쟁이 무사
캅탄디르
만기 됴롬고
유라키 사람들
식인 출루그디
난드리와 털보

유카기르인 이야기

돌간인 이야기

셀쿠프인 이야기

시베리아 타타르인 이야기

여우와 늑대
탄 바티르

토팔라르인 이야기

달에 얽힌 이야기
일곱 처녀
세 마리 사슴
달사람
세 명의 용사
월식이 일어나는 이유
인간이 만들어진 유래
곰의 콩팥이 여러 짐승에게서 온 이유
사슴과 사향고양이
곰과 다람쥐
곰이 벌을 받게 된 이유
귀신의 관목 숲
세 형제
물의 주인
부모 없는 청년과 귀신들
콘조크 가문이 나타나게 된 이야기
용감한 사냥꾼과 독수리
여우 바위
타이멘 강에 얽힌 전설
곰의 호수
닭과 꿩
땅벌이 벙어리가 된 이야기
주걱뼈
회색 뼈
두 형제
날개 달린 소년
황금 가슴을 지닌 아기들
영리한 처녀
사악한 마법사
젖소 코를 가진 청년
인간의 아들과 개구리 딸
불멸의 인간들
부르한에 관한 전설
돌 목걸이
테르 오키시(꽃의 골짜기)
사람과 뱀
메르겐과 두 마리 뱀
아이굴
낙타와 토끼
꿩과 모기와 사슴
닭과 들꿩의 눈이 빨간 이유
개미와 나리새
구원의 불
소년과 이무기
사냥꾼이 귀신을 벌준 이야기
돌이 된 샤먼

케트인 이야기

곰 이야기
예틀의 며느리
발나
실레케
여우
우세시
반그셀
올기트
알바와 호샤담
강 상류에서 온 카이구시
단두큰 이야기
타닌가
쿄글 할머니
울게트
뉴냐
샤신쿠시 이야기
이다트 노인의 딸
카시케트와 예로호트 할아버지 이야기
빌게트

예네츠인 이야기

세 샤먼
일곱 아가씨
타이멘
노인
노파의 아들
별의 신화
디아
바루치의 모험
시오시쿠
두 형제
솔데이 카하

느가나산인 이야기

천지창조 신화
아밤 느가나산인이 등장하게 된 이유
갈매기
느가나산인 '3사젠 손'과 그의 아들
곰과 노인
모레데와 머리 없는 사람들
죽음의 호수
곰의 아들
오옐로코와 세 명의 러시아 상인
오옐로코와 암늑대 샤먼
노고레사의 아들
두 명의 사냥꾼과 샤먼
라쿠나의 아들들
여자 식인괴물 시게 이야기
겁쟁이 순록
태양의 딸
왜 늑대들은 더 이상 허풍을 떨지 않을까
누구의 뿔이 더 클까

네네츠인 이야기

새 총각
왜 부엉이는 햇빛을 보지 못하는가?
여우, 새 그리고 까마귀
곰이 꼬리를 잃게 된 사연
하류치
아기 순록과 생쥐
세 아들

에스키모인 이야기

아이누인 이야기

닙흐인 이야기

축치인 이야기

코랴크인 이야기

케레크인 이야기

우데게이인 이야기

나나이인 이야기

오로크인 이야기

알류토르인 이야기

오로치인 이야기

이텔멘인 이야기

네기달인 이야기

예벤인 이야기

울치인 이야기

부랴트인 이야기

만시인 이야기

한티인 이야기

투바인 이야기

하카스인 이야기

거만한 샤먼
농부와 사제
결혼이 너무도 하고 싶었던 샤먼
빈농이 부자와 소송한 이야기
아디차흐와 케초흐
'불행'
빈농이 부호의 집에서 악마를 쫓아낸 이야기
호기심 많은 아내
부자와 뱀
마법의 닭
빈농이 부자를 속인 이야기
시어머니와 며느리
크레센

뱁시인 이야기

소녀와 염소
곰과 마샤
지저분한 여자
곰과 여우
제멋대로인 아내
주인 부부와 이웃인 백정
성자 아폴론
물의 정령
의붓딸
착한 소녀 바르베이
남매
황금 소년
신부 나스텐카
청년은 새를 아내로 삼다.
황금 곱슬머리 나스타샤
미녀 아내
부자 형과 가난한 동생
어리석은 사람들 이야기
부정한 아내
반카와 염소
오빠가 여동생의 손을 자르다.
아내가 말했다
엄지 소년
도둑 반카
잠자는 아내
바보 사위
신은 오리페이에게 식사하러 왔다
아내는 남편을 어떻게 속였는가

칼미크인 이야기

착한 오브세
용감한 마잔
연꽃
마법의 돌
받지 못한 보상
변신하는 겔룽과 일꾼
현명한 며느리
고향 이야기
미해결 소송
칸의 왼쪽 눈
어리석은 노인
계절의 변화
현자와 겔룽
겔룽과 동자승
인색한 부자
노부부
수탉과 공작
유쾌한 참새
성질 나쁜 까마귀
만지크 자를리크와 그의 하인
72가지 기이한 일
체첸 칸과 그의 현명한 며느리
케자
노인 자신은 4분의 1, 턱수염은 4분의 3
용사 샤라다
아랄탄의 아들
두 형제
세 가지 기이한 이야기
팔천 살의 노인 남질 크라스니 이야기
세 형제
사냥꾼 이에스티르
새와 동물의 말을 알아듣는 청년
왜 올빼미는 콧구멍이 없을까
용감한 사자
모기가 애처롭게 노래하는 이유
마상

알타이인 이야기

알립 마나슈
유스큐제크와 알틴 차치
사리 칸
큰 사슴의 울분 욕심 많은 들꿩
보리 낟알
회색 참새
멋진 다람쥐
무서운 손님
인색한 개구리
박쥐가 밤에만 나는 이유
공작새의 아내
사르탁 파이
오누이
'비단 붓' 토르코 차차크
행복한 리스투
황금 잔
중매쟁이 여우
백가지 지혜
암소와 별
곰 아저씨
녹색의 신 쿠르가미슈
한 마리 양
쿠얀
곰 아유
황금 새 알틴 쿠츠카슈
질 켈
해와 달이 인간을 구한 이야기
일곱 형제
용사 바부르간이 산이 된 이야기
텔레츠코예 호수에 관한 전설
텔레츠코예 호수가 '황금 호수'로 불리게 된 이야기
쥐와 낙타
미식가 사향고양이

짐승 마아니의 아이들
오래된 옛날이야기

텔렌기트인 이야기

비야 강과 카툰 강
카투 야리크(무서운 장소)
알미스-암염소
알미스에게서 태어난 아기
아부움 포오옴(아버지 어머니)
낙타 이름으로 불리는 골짜기
푸른 황소
사냥꾼과 알미스
곰
소를 훔친 도둑과 호랑이

첼칸인 이야기

황금 도끼
고아
키셀레크와 파를라나크
탁 툭 지팡이
토끼와 담비
바보 청년
텔베엔이 하늘로 올라간 이야기
황금 등자
날다람쥐
콜로복
세 아들
황금 수탉
고아 청년과 다람쥐
고양이
할아버지와 부자
자작나무 그릇

쿠만딘인 이야기

사냥꾼의 전설 1
사냥꾼의 전설 2
사냥꾼의 전설 3
사냥꾼의 전설 4
오온 강과 쿠그 강
개와 고양이
킬리슈 칸
델베겐
툰구스
할아버지와 고양이
엄마와 딸
델베겐과 마시파라크
부자가 된 쿠지마
자신을 모르는 너구리
바보 이반
마시파라크
카라 몬기스
아이 코크 처녀
뱀과 노인
세 아들
세 형제

투발라르인 이야기

알틴 콜과 알틴 투우(황금 호수와 황금 산)
카라티 칸
노인과 노파
반카와 그리시카
세 형제
오스큐스 오올로크
아크 표스 쿠우르친
오스큐스 우울
꾀 많은 여우
농부 파시파라크

나가이바크인 이야기

고양이가 식사 후 몸을 닦게 된 사연
아즈라킬의 장난
어느 집시 여인의 예언

바시키르인 이야기

에렌세 세센 이야기
투라칸, 야네바칸 그리고 에렌세 세센
하탐타이

쇼르인 이야기

안치 아비시카와 카라 몰라트
지주와 사냥꾼
사랑이 깊은 쿠
마법 모자
탐욕스런 농부
학과 까마귀
젊은 사냥꾼과 표범
프카
철의 산 테미르 타우
차기스

코미인 이야기

야즈바 강 이야기
수지야 강 신화
이오마와 두 명의 아가씨
무사 페랴
다리가 여덟인 개
페라는 어디로 갔을까?
루피예 강에 사는 페라와 미쟈
페라와 자란
사냥꾼 예파를
가르친 여우

텔레우트인 이야기

알타이 쿠우추니 이야기
케르 사갈 가의 형제

네네츠인 이야기

작자 미상
옮긴이 박미령
펴낸이 박영률

초판 1쇄 펴낸날 2017년 2월 25일

지식을만드는지식
03991 서울시 마포구 월드컵북로 46 청원빌딩 3층
전화 (02) 7474 001, 팩스 (02) 736 5047
출판등록 2007년 8월 17일 제313-2007-000166호
전자우편 zmanz@eeel.net 홈페이지 www.zmanz.kr

ZMANZ
3F. Chungwon Bldg., 46, World Cup buk-ro,
Mapo-gu, Seoul 03991, Korea
phone 82 2 7474 001, fax 82 2 736 5047
e-mail zmanz@eeel.net homepage www.zmanz.kr

ISBN 979-11-304-2713-3
979-11-304-2714-0(큰글씨책)
979-11-304-2715-7(PDF전자책)
책값은 뒤표지에 있습니다.